EL REY, EL SABIO Y EL BUFÓN

EL GRAN TORNEO DE LAS RELIGIONES

Dirigida por
Leandro Pinkler
y Fernando Schwarz

Shafique Keshavjee

EL REY, EL SABIO Y EL BUFóN

EL GRAN TORNEO DE LAS RELIGIONES

Traducción:
Eduard Gonzalo

Editorial Biblos

840-3	Keshavjee, Shafique
KES	El rey, el sabio y el bufón: el gran torneo de las religiones - 1a. ed. - Buenos Aires: Biblos, 1998.
	203 pp., 23 x 16 cm. - (Daimon)
	ISBN 950-786-202-1
	I. Título - 1. Narrativa en francés

Diseño de tapa: *Horacio Ossani, sobre una idea de Jöelle Jolivet*
Armado: *Hernán Díaz*
Coordinación: *Mónica Urrestarazu*

© Éditions du Seuil, 1998
© Editorial Biblos, 1998.
Pasaje José M. Giuffra 318, 1064 Buenos Aires.
© de la traducción, Eduard Gonzalo 1998
Hecho el depósito que dispone la Ley 11.723.

Impreso en la Argentina.

Ninguna parte de esta publicación, incluido el diseño de la cubierta, puede reproducirse, almacenarse o transmitirse en forma alguna, ni tampoco por medio alguno, sea éste eléctrico, químico, mecánico, óptico de grabación o de fotocopia, sin la previa autorización escrita por parte de la editorial.

Impreso en Segunda Edición
Fructuoso Rivera 1066, 1037 Buenos Aires,
República Argentina,
en diciembre de 1998.

Índice

En un país lejano	13
El Bufón	14
El Sabio	15
El Rey	15
El sueño	17
La perturbación	18
Convocatoria del "Gran Torneo de las religiones"	20
Elección de los candidatos	21
Apertura de las justas	23
Presentación de las pruebas	25
La exposición del ateo	27
Dios no existe	31
Confrontaciones	32
Un universo orientado	34
Dios más grande	36
Controversias	38
La parábola de un jesuita	40
Recibir una flor	41
La primera noche	42
La exposición del budista	45
El fundador del budismo	49
Un texto fundacional: las cuatro Nobles Verdades	50
Parábola budista	52
Confrontaciones	54
¿Buda es?	55
¿Dios es?	56
La compasión por lo humano	57
Atman o *anatman* ("sí mismo" o "no sí mismo"), ésa es la cuestión	60
Carta con amenazas	61
La exposición del hindú	65
La parábola de los dos pájaros	68
Fundamento del hinduismo	69
Sufrimiento y liberación	71
La detención	73
Confrontaciones	74
Gurús y canguros	75
Cara y cruz	76
¿La Verdad y el mundo en todo esto?	78
El origen del mal	80
ANY-AYN	82
Amina	83
Consternación	86
La exposición del musulmán	89
La vida del jeque	92
Belleza y amor	93
El enviado de Alá	96

Los pilares 97
Confrontaciones 99
¿Aguja o tijeras? 100
El Hijo de Dios y Dios el Hijo 101
¿Dios en todo? 105
¿Una religión de violencia? 106
Un problema espinoso 107
¿Una religión uniformizadora? 109
La confesión del rabino y el abrazo del imán 110
La vigilancia 112

La exposición del judío 115
El Dios oculto 117
La hermosa Torá 118
El resumen del rabino 121
Diversidad y unidad de los judíos 122
Las verdaderas riquezas 123
Confrontaciones 124
La cuestión judía 124
Israel o Palestina, ¿una Tierra com-prometida? 125
¿Hacia un doble reconocimiento? 127
¿Un Dios Padre y Madre? 129
Un Dios que libera y que ama 130
La investigación 132
Cena en palacio 133

La exposición del cristiano 135
Un camino de la cruz 137
El fundador del cristianismo 140
La gracia y la fe 142
Una carta fundamental 143
Un cuadro de síntesis 145
La muerte de Cristo en parábolas 146
Confrontaciones 148
Biblia y Corán 148
Maestro y discípulos 151
Dios y el sufrimiento 152
Único y plural 153
Ataque del ateo 155
Última comida 157

"Sprint" final 159
El jurado se pronuncia 162
Cuando se mezcla un Bufón 163
La síntesis del Sabio 164
La decisión del Rey 166
Por una caricia más 169
Hay una justicia 170
La última palabra 172

En un país no tan lejano 175

Anexos 179

El Rey dijo entonces:

—¡Nobles delegados! [...] Toda la sabiduría multicolor de la tierra está condensada en sus personas. Y por primera vez en la historia de la humanidad, la quintaesencia de estas experiencias y de estos conocimientos está reunida y se ofrece con simplicidad a los demás...

El Rey de mi país me ha pedido que escriba este libro para ustedes. De hecho, para ustedes y para él. ¿Por qué? Porque acontecimientos imprevistos han perturbado la vida de su reino y desea conocer su opinión de lector o lectora. Al final del torneo relatado en este libro, el Rey tuvo que adoptar una decisión importante. Pero deseó recoger el parecer de su pueblo y de todas las poblaciones de alrededor que desearan expresar el suyo. Los periódicos tienen su "Sección de correo del lector"; el Rey ha sugerido que eventualmente se redacte un "libro de los lectores" a partir de sus comentarios. Gracias por enviarlos a la dirección indicada al final de este relato.

Y sin más dilación, quiero contarles qué sucedió en nuestro reino. Todo empezó hace ya más de un año, como en un cuento...

En un país lejano

En un país lejano vivía un pueblo apacible. Las oleadas sucias y agitadas de los problemas del mundo rara vez alcanzaban sus hermosas playas cálidas y maternales. Aislados de todo, y orgullosos de estarlo, sus habitantes consagraban su tiempo al trabajo y a la familia, a los esparcimientos y a los amigos.

Pero desde hacía algún tiempo algo indefinible había cambiado. Las flores ya no tenían el mismo perfume y la miel había perdido su dulzura. Los niños seguían jugando en las calles soleadas, pero sus risas ya no tenían la misma espontaneidad. La atmósfera se había vuelto pesada, como habitada por el fragor sordo que anuncia una gran tempestad.

En ese país vivía un Rey. Apreciado por todos, estaba orgulloso de sus obras. Cada mañana, desde el gran balcón del palacio, contemplaba su reino. Y entonces lo embargaba una profunda satisfacción. Contrariamente a muchos dirigentes de este mundo, más preocupados por la salvaguarda de sus privilegios que por servir a su pueblo, el Rey estaba dotado de una extrema sensibilidad. Las menores fluctuaciones de sus súbditos lo hacían vibrar. Y él mismo sentía de manera confusa la insatisfacción que gangrenaba sus relaciones hasta las raíces, pero no percibía sus causas.

Entre todas las cualidades del Rey, la más importante era su capacidad para reconocer sus propios límites. En todas las circunstancias espinosas, no dudaba en consultar a quien todos llamaban el Sabio, un personaje ponderado, cuyos consejos eran de oro. Como el rey era suficientemente perspicaz para reconocer los límites de la sabiduría, le gustaba preguntar también a aquel que llamaba con afecto el Bufón. Admirado por el pueblo por su imprevisibilidad y temido por su cinismo, este personaje de color subido iba siempre vestido de negro.

La historia que se les cuenta, pues, relata con precisión las asombrosas aventuras del Rey, el Sabio y el Bufón. En cuanto a los acontecimientos que nos conciernen en este relato, empezaron en mayo, en una trivial noche de luna llena...

El Bufón

El Bufón había vuelto fatigado a su casa. Y con el estómago vacío. Su humor era aún más negro que sus vestimentas. Su filosofía de la vida era simple. Sin cansarse, la repetía a todos aquellos que quisieran escucharlo. Se resumía en tres palabras: comer, dormir y pasear.

Y esa noche había comido muy mal. Aunque había estado en uno de los restaurantes más reputados del país.

—¡Qué lento ese mozo! —gruñó.

Pero una sonrisita maliciosa se dibujó en su rostro al recordar su respuesta.

—¿Cómo encontró mi carne? —le preguntó gozoso el chef, anticipando el inevitable cumplido.

—Oh, totalmente por casualidad, al mover unos guisantes... —respondió con displicencia el Bufón.

Al igual que los platos de algunos grandes cocineros, las ocurrencias no alimentan a un hombre. Todavía tenía hambre.

Al Bufón no le gustaba su país. Percibía la quietud del pueblo como un somnífero que anestesiaba disimuladamente sus potencialidades. Para marcar su desaprobación, le gustaba pasearse en las horas pico siguiendo a Eloísa, su tortuga. Iba entonces al cruce más importante de la ciudad, y a veces tardaba más de veinte minutos en cruzar, en medio de un concierto de bocinas. "Siempre están en movimiento", gritaba el Bufón, "mientras que nadie cambia. Van a todas partes pero nadie sabe adónde va. Circulan cada vez más rápido, mientras ninguno progresa. Mi Eloísa, al lado de ustedes, es Carl Lewis en persona". A pesar de los gritos de indignación y del furor de los conductores, el Bufón se tomaba todo el tiempo que necesitaba para seguir a Eloísa hasta la acera de enfrente. Y, tranquilamente, meditaba sobre el valor de la lentitud en un mundo demasiado agitado.

Desde hacía varios años, y mucho antes que los otros, el Bufón había presentido que se preparaba la tempestad. Sus gracias sólo tenían el objetivo de advertir. Pero ¿de qué? Él mismo casi no lo sabía. Y sin embargo sentía que la explosión se acercaba.

Se acostó de mal humor. Y se preparó para una noche penosa...

El Sabio

El Sabio era un hombre notable. En su juventud había pasado por numerosas dificultades. A pesar de ellas, o tal vez gracias a ellas, había logrado desplegar una personalidad rica y ágil que le permitía afrontar todas las situaciones de la vida, aun las más complejas. Después de sus estudios de filosofía y física, brillantemente realizados, se presentó para un puesto de profesor de la universidad. Por razones totalmente oscuras, eligieron a otro candidato.

"Una puerta se cierra, otra se abrirá", se decía con una confianza que lo sorprendía a él mismo. Había aprendido a distinguir la tenacidad de la obstinación: saber insistir y perseverar en el momento adecuado, también saber retirarse y renunciar cuando es necesario. "La sabiduría", se repetía, "es dejar crecer lo que nace, saborear lo que está maduro y prescindir de lo que está muerto".

Su arte de vivir se vio recompensado. En efecto, el Sabio accedió a las más altas responsabilidades en el país y se convirtió en consejero del Rey. Las circunstancias de esta promoción, que por otra parte provocó muchos celos, son secundarias en la historia que nos interesa. Pero es necesario saber que el Rey había apreciado en la persona y en los escritos del Sabio su apertura a todas las búsquedas y a todos los conocimientos. Todo lo fascinaba. Su entusiasmo era comunicativo y el Rey apreciaba esta cualidad con satisfacción.

Después de una larga jornada de trabajo, el Sabio había regresado a su casa. Saboreó su cena, jugó con sus hijos y le gustó escuchar a su mujer que le contaba los acontecimientos menores del día. Luego se dirigió hacia su biblioteca y eligió una obra de Nietzsche que no había vuelto a leer desde hacía años. Se acostó y, después de leer unas páginas, se durmió en paz...

El Rey

En cuanto al Rey, ya sabemos que era apreciado por sus súbditos y que tenía una sensibilidad delicada. Pero lo que ignoramos es que le gustaba mucho el deporte. Nada hay de original en eso. A no ser que, siendo Rey, a veces su amor desmesurado por las competiciones le jugaba una mala pasada. El pueblo recordaba la cólera del presidente de un país vecino que, durante dos largas horas, debió esperar en el aeropuerto que el Soberano fuera a recibirlo. Todo porque un partido de tenis había sido interminable y la resolución... apasionadamente imprecisa.

El Rey estaba orgulloso de su país. Si no hubiera sido por esa extraña morosidad que había empezado a insinuarse en todas partes y en todos los niveles, hubiera podido vanagloriarse legítimamente de sus logros. En el país todavía había poca desocupación. Es verdad que políticamente la monarquía podía parecer anacrónica. Sin embargo, como los poderes del Rey estaban limitados y el pueblo se desplazaba cada vez menos para votar, nadie parecía querer cuestionar un sistema ya probado. En cuanto a la cultura, había algunos creadores de genio pero, como eran poco comprendidos por el pueblo, no molestaban a nadie. Finalmente, y sobre todo, estaba el deporte, que sirve por excelencia para canalizar las energías y la potencial agresividad; era el principal elemento de cohesión del país. Las grandes ideologías de izquierda o de derecha, de los verdes o los rojos, ya no fascinaban a nadie. En un mundo cada vez más interconectado y al mismo tiempo más y más individualista, a cada cual le correspondía crear su propia visión del mundo.

Desde hacía numerosos años, muchas iglesias habían tenido que cerrar. ¿Por qué? Simplemente porque ya nadie tenía energía para levantarse el domingo por la mañana. ¿Para qué encontrarse con personas apagadas en un lugar poco confortable y para qué sufrir una oleada de palabras tan incomprensibles como enojosas? Más valía quedarse en casa o ir a divertirse a otra parte. Muchos lugares de culto se habían transformado en museos y aun en piscinas.

Por el contrario, habían prosperado astrólogos, numerólogos, nigromantes y adivinos de todo tipo. Como sus mensajes eran *siempre* reconfortantes —en efecto, ¿quién derrocharía sumas importantes para que lo trastornen?— y no implicaban ninguna transformación profunda de la vida, tenían un éxito seguro. El mismo Rey los había consultado a menudo. Al comienzo, se había sentido enriquecido por la connivencia misteriosa que lo unía con los planetas, los números y los espíritus del más allá; luego, poco a poco, la simpleza de sus discursos le hizo tomar alguna distancia. Pero era feliz de que su pueblo gozase de ese consuelo y, sobre todo, de que no le costara un céntimo al Estado. En el pasado, las Iglesias habían sido mucho más caras.

Esa noche, como de costumbre, el Rey se acostó, contento consigo mismo...

El sueño

En un cielo despejado, la luna iluminaba el reino con una suave luz.

A diferencia del Bufón, el Rey se había dormido sin dificultad. También el Sabio descansaba apaciblemente. De pronto, en un silencio sutil, una especie de Presencia discreta se infiltró simultáneamente en el sueño de los tres durmientes.

El Rey soñó con un partido de fútbol. Para su gran sorpresa, los jugadores se inmovilizaron. Todos levantaron los ojos hacia el cielo. El Rey, asombrado, hizo lo mismo. Y allí, claramente, vio que una Mano salía de la nada y se ponía a escribir en letras de fuego palabras que lo sacudieron...

El Sabio se vio transportado a los Grisones, en Suiza, allí donde había vivido Nietzsche. En el momento de entrar en la casa del filósofo en Sils-Maria, vio escribirse en la puerta asombrosas palabras...

En cuanto al Bufón, soñaba con una gigantesca pizza que por fin le iban a servir cuando, de pronto, la Mano garrapateó sobre el mantel letras incomprensibles.

Los tres se despertaron sobresaltados.

Sintiéndose oprimido, el Rey transpiraba y temblaba al mismo tiempo. Tras un momento de reflexión y a pesar de una escrupulosa vacilación, telefoneó al Sabio. Para su gran asombro lo encontró despierto y en absoluto sorprendido de ser molestado en plena noche. El Rey recordó su sueño y le pidió que fuera enseguida a verlo a palacio. Sin hacer preguntas, el Sabio asintió. Advirtió la gravedad de la situación. Apenas había tenido tiempo de vestirse cuando, por segunda vez, sonó el teléfono. Esta vez era el Bufón.

—¡Ah! Estás despierto —exclamó, aliviado—. No fue más que un estúpido sueño.

—¿Cómo? ¡Tú también!

—¿Por qué yo también?

—No tengo tiempo de explicártelo. Ve al palacio. El Rey me llama.

Media hora más tarde estaban reunidos en el salón privado del Rey. Muy emocionado, el soberano develó su sueño. En el momento de darles a conocer lo que había leído en el cielo, debió tomar aliento.

—Entonces vi una mano que escribía: "Como la luna, tu pueblo debe morir". Y estaba firmado "ANY". ¿Qué puede querer decir? ¿Y quién es este "ANY"?

Al escuchar ese mensaje, el Sabio se quedó petrificado. Presionado por el Rey para explicar su desasosiego, murmuró:

—Yo también tuve un sueño misterioso. Y esto es lo que pude leer: "Como el pueblo, tu Rey debe morir". Y estaba firmado "AYN".

—"ANY"...

—No, "AYN", estoy seguro. Y había un post-scriptum: "Busquen la aguja y vivirán".

El Rey estaba abatido.

—¿Yo, morir? —suspiró con angustia.

—No sólo el pueblo y usted, sino también el Sabio y yo —continuó el Bufón—. En mi estúpido sueño, vi una mano escribir: "Como el Rey y el Sabio, debes morir". Y estaba firmado "Dios". Si al menos el farsante me hubiera dado tiempo para comerme mi pizza...

La perturbación

Es inútil decir que nuestros tres héroes esa noche no volvieron a acostarse. Mil preguntas brotaban de sus cabezas conmovidas. La simultaneidad de los tres mensajes no podía ser fruto del azar. ¿Por qué ese anuncio brutal de una muerte? ¿Por qué "como la luna"? ¿Quién era ese misterioso "ANY" o "AYN"? ¿Y qué tenía que ver "Dios" en todo eso?

Al alba, el primer acto del Rey fue reunir a sus astrólogos y adivinos. Pero ninguno de ellos pudo aclarárselo. El Bufón parecía persuadido de que todo no era más que una coincidencia absurda; sin embargo, en el fondo, algo le murmuraba lo contrario.

El Sabio repasaba sin cesar el sueño. Los Grisones, la casa de Nietzsche, esas palabras sobre la puerta... Se acordó entonces de Mircea Eliade, a quien había leído en su juventud. "Todo está firmado", había escrito en esencia el filósofo de las religiones rumano. "Todo es *hierofanía*, manifestación de lo Sagrado. Pero es necesario saber mirar...". Al no ser muy creyente, el Sabio no había profundizado en esa enseñanza. Pero, en ese momento de búsqueda, esas palabras empezaron a despertarse en él. Tuvo entonces la intuición de releer la página de Nietzsche sobre la que se había dormido la víspera. Después de ir a buscar el libro, la leyó al Rey y al Bufón:

—"¿No oyeron hablar de ese hombre insensato que, habiendo encendido una linterna en pleno mediodía, corría por la plaza del mercado gritando sin cesar: «¡Busco a Dios! ¡Busco a Dios!»? Y como allí se encontraban reunidos muchos de los que no creían en Dios, suscitó gran hilaridad. «¿Lo hemos perdido?», dijo uno. «¿Se extravió como un niño?», dijo otro. «¿O se oculta en alguna parte?» [...] El insensato se precipitó en medio de ellos y los atravesó con sus miradas. «¿Dónde está Dios?», exclamó, «voy a decírselos. *Nosotros lo hemos matado*, ustedes y yo. ¡Todos somos sus asesinos! Pero ¿cómo hemos podido hacer esto? ¿Cómo hemos podido vaciar el mar? ¿Quién nos ha dado la esponja para borrar el horizonte? ¿Qué hemos hecho para desencadenar esta tierra de su sol? [...] ¿Nos hemos precipitado en una caída continua? [...] ¿Erramos a través de una nada infinita? ¿No sentimos el aliento del vacío? ¿Ya no hace frío? ¿No es de noche continuamente y no anochece cada vez más? ¿No hay que encender las linternas desde la mañana? ¿Todavía no oímos nada del ruido de los sepultureros que han enterrado a Dios? ¿No olemos nada de la putrefacción divina? ¡Los dioses también se pudren! ¡Dios ha muerto! ¡Dios está muerto! ¡Y nosotros lo hemos matado!»."

Al escuchar esta página, el Rey se estremeció. Tanta fuerza en tan pocas palabras...

—¿Dios ha muerto? —preguntó el Rey.

—No sólo ha muerto, sino que nunca nació —contestó el Bufón—. O, más bien, nace en el espíritu de los ignorantes y muere en el de los sabios.

Al escuchar al Bufón, el Sabio rememoró la anécdota siguiente:

—Uno de mis profesores había escrito en su puerta: "Dios ha muerto", firmado "Nietzsche". Maliciosamente, un estudiante agregó: "Nietzsche ha muerto", firmado "Dios".

El Rey, perturbado, señaló la similitud de estilo entre esa gracia y los mensajes que habían recibido.

—La muerte del hombre... ¿estaría unida a la proclamación de la muerte de Dios? Y la superficialidad e insignificancia que se han infiltrado en mi pueblo... ¿estarán relacionadas con la pérdida de un sentido profundo de la vida?

Al escuchar esta andanada de pensamientos metafísicos el Bufón se asustó:

—¡Ah, no! No va a alimentarse de esas necedades.

Pero el Rey ya no escuchaba. Se había levantado y aproximado a la ventana y observaba su país.

—Les he dado trabajo y entretenimientos, pan y juegos. Pero tal vez lo que le falta a mi pueblo es un *Sentido* que lo oriente. ¡Mi pueblo necesita una verdadera religión!

Convocatoria del "Gran Torneo de las religiones"

—¿Cuál? —preguntó el Bufón con aire solapado—. ¿La judía, la cristiana o la musulmana? ¿La hindú o la budista? ¿La sintoísta, la taoísta o la confuciana? ¿O tal vez todas? ¿O ninguna de ellas? ¡Ah! Tengo una idea. ¿Por qué no inventamos una nueva? Oh, Rey, usted será nuestro Dios y yo seré el sumo sacerdote. Todas las ofrendas que recoja las compartiremos. Digamos una mitad para usted y la otra para mí. ¿De acuerdo?

—Cállate, Bufón. No sabes lo que dices.

Pero el Rey estaba perplejo. En efecto, ¿cuál elegir para su pueblo? El Bufón no estaba del todo equivocado.

El Sabio no había esperado que la reunión tomara ese giro.

De pronto, la cara del Rey se iluminó:

—¿Y si invitamos a dignos representantes de todas las religiones para que nos presenten sus creencias? Entonces podríamos elegir la mejor. El pueblo podría asistir a los debates y dar su opinión. A ti, Sabio, te veo como moderador.

—¿Y yo? —insinuó el Bufón—. ¿Podría participar en ese concurso? ¡Estoy seguro de ganar la medalla de oro!

Entusiasmado con su proyecto, el Rey no percibió la ironía de la pregunta.

—¡Medallas! Excelente idea. Ya que nuestro país nunca tuvo el honor de organizar unos juegos olímpicos para los dioses del estadio, haremos el primer Gran Torneo de las religiones. ¡Y en él no va a faltar el deporte!

—Mi Rey, si comprendí bien —preguntó el Sabio—, ¿los "JO" que propone son "justas oratorias"?

—¡Exactamente!

—¿Y a quién invitará?

—Buena pregunta —respondió el Rey—. Bien, simplemente al jefe de cada tradición religiosa.

El Sabio sacudió lentamente la cabeza:

—Si invita a los más altos dignatarios, existe un peligro muy grande de que el diálogo se desvirtúe. Cada uno correría el riesgo de presentar su tradición callando lo que hay de indigno y problemático en ella.

—Si he comprendido bien al Sabio —dijo el Bufón, no sin cinismo—, es propio de un alto dignatario callar con dignidad lo que es bajamente impropio.

—¿Entonces, qué se puede hacer?

—Sugiero —continuó el Sabio— que se solicite de cada tradición una persona relativamente joven, digamos de menos de cuarenta años, que sin embargo la conozca bien y que sea apto para presentarla de manera abierta y crítica. Las religiones son libres de proponer su campeón.

—¿Cuántos participantes habría? —volvió a preguntar el Bufón—. Si se alinean todas las religiones, todos los nuevos movimientos religiosos y todas las sectas, habrá más personas en la línea de salida que en el público.

—Sugiero entonces, para estas primeras "justas oratorias" —continuó el Sabio—, invitar a cinco grandes tradiciones religiosas: la judía, la cristiana, la musulmana, la hindú y la budista. Nada nos impide otro año invitar a otros participantes.

La proposición agradó al Rey pero no al Bufón.

—Yo también tengo una sugerencia —declaró—. No es justo que en estas "JO" no se exprese un librepensador. Propongo, pues, que se invite a un sexto concursante... y que sea ateo.

El Rey y el Sabio consideraron que, por una vez, la idea no era estúpida.

Ese mismo día se enviaron cartas de convocatoria a los altos responsables de las cinco religiones mencionadas, sin olvidar la destinada a la Unión Mundial de Librepensadores.

Elección de los candidatos

Todos los que recibieron una carta estaban confundidos.

El cardenal católico, en el Consejo Pontificio para el Diálogo Interreligioso, en Roma, se sintió a la vez halagado por haber sido invitado y molesto respecto de sus cofrades ortodoxos y protestantes, que no lo habían sido. Después de consultar con el Papa, envió un fax al Consejo Ecuménico de las Iglesias en Ginebra y al Patriarcado de Constantinopla.

El secretario general de la Liga Mundial Musulmana tomó contacto con el rector de la Universidad de al-Azhar en El Cairo. El presidente del Congreso Judío Mundial tuvo un gesto similar: consultó con uno de sus buenos conocidos, profesor de la Universidad Hebrea de Jerusalén, situada en el monte Scopus.

El Dalai Lama tuvo la sabiduría de enviar una copia de la carta a varios de sus amigos budistas residentes en Sri Lanka, en Tailandia, en Japón y en otros países del sudeste asiático. A través de qué caminos precisos la Federación Budista Mundial, la Amistad Mundial de los budistas y la Comunidad Mundial de monjes budistas fueron puestas al corriente, nadie lo sabe exactamente. Pero les llegó la noticia de la convocatoria.

Aún más oscuro fue el proceso de consulta entre los hindúes. Cuando la orden de Ramakrisna, en Belur Math, cerca de Calcuta, recibió la invitación, varios *swamis* célebres fueron inmediatamente informados. ¿Cuáles fueron sus debates? Seguimos sin saberlo.

En cuanto al presidente de la Unión Mundial de Librepensadores, avisó directamente a los miembros de su comité dispersos por los cuatro rincones de la tierra. Una copia de su carta fue enviada a la Unión Racionalista y a la International Humanist and Ethical Union fundada por sir Julian Huxley.

Inútil decir que la invitación a un "Gran Torneo de las religiones" sacudió a todos los organismos que fueron invitados. Y tal vez más a los que no habían sido invitados pero que se habían enterado: ah, la rivalidad es universal...

Tanto a unos como a otros se les planteaban múltiples interrogantes. ¿Quién podía legítimamente hablar en nombre de una religión o del ateísmo? ¿Qué representante enviar que conociera bien las diferentes orientaciones existentes en el seno de cada visión del mundo y que fuera capaz de presentarlas válidamente a los demás? ¿Había que boicotear ese torneo? Pero si los otros invitados no lo hacían ¿se podía correr el riesgo de no estar presente?

Durante meses, los debates internos fueron tempestuosos. Entre budistas de theravada, mahayana y vajrayana; entre hindúes sivaítas, visnuitas y saktites; entre musulmanes sunitas y chiítas; entre judíos conservadores, ortodoxos y liberales; entre cristianos católicos, ortodoxos y protestantes. En vano le pidieron al Rey que les permitiera enviar varios delegados. Éste, teniendo en cuenta el parecer del Sabio, insistió en la necesidad de que hubiera un único representante por cada tradición. Argumentó diciendo que ya era suficientemente complejo enfrentar seis puntos de vista diferentes como para complicar aún más la tarea haciendo intervenir múltiples matices en el seno de cada visión del mundo. Agregó que si una religión no era capaz de estar unida ¿cómo podía unir a su pueblo?

Poco faltó para que el torneo nunca tuviera lugar. Era no contar con la ayuda de la Providencia, el Destino o el Azar que, sorprendentemente, orientaron los corazones y los acontecimientos.

Apertura de las justas

El Rey estaba excitado. Después de tantas palabras y vacilaciones, de esperas y tergiversaciones, finalmente "sus" "JO" iban a empezar. Había transcurrido un año desde la noche de sus tres sueños.

—¿Te das cuenta, Bufón? Vamos a inaugurar el primer Gran Torneo de las religiones de toda la historia de la humanidad.

—Tal vez también sea el último —murmuró el hombre de negro—. Se van a desgarrar de tal manera en nombre de sus verdades respectivas que nunca más querrán volver a encontrarse.

Se había recuperado un viejo claustro transformado en sala de espectáculos para desarrollar el torneo. En el centro de una gran sala luminosa susurraba una fuente. Se había levantado un estrado que podía acoger al jurado, compuesto por seis personas: tres hombres y tres mujeres elegidos entre el pueblo por su capacidad de discernir. Al lado de ellos estaban el Sabio, gran moderador del torneo, así como el Bufón. Por encima dominaba el Rey quien de una sola mirada podía ver y... ser visto. Seis lugares estaban reservados a los "campeones". El resto de la sala estaba disponible para el público. Como es debido, cada uno recibió un pequeño folleto con el horario de las justas y una pequeña presentación sintética de las tradiciones religiosas que iban a ser defendidas.* Todos los lugares fueron ocupados mucho antes del comienzo de las festividades. Hubo que improvisar apresuradamente espacios anexos y asegurar una retransmisión audiovisual.

A las catorce horas en punto, la orquesta empezó a tocar el himno compuesto para la ocasión. Todas las personas de la sala se levantaron para saludar al cortejo que inmediatamente iba a hacer su aparición. Hay que señalar que el protocolo había sido objeto de una larga reflexión. Para no herir susceptibilidades, se decidió que el orden alfabético de los nombres de los delegados determinaría su entrada. Pero, sorprendentemente, y aunque la orquesta tocaba desde hacía varios minutos, nadie apareció. Los guardias que aguardaban en el umbral de la puerta de honor se pusieron a murmurar entre ellos. Algo no iba

---

* En el anexo se encontrarán estas fichas de presentación elaboradas por la Plataforma Interreligiosa de Ginebra y amablemente puestas a nuestra disposición. Agradecemos a sus autores y en especial a Jean-Claude Basset, uno de sus principales creadores. Se agrega un cuadro sinóptico que recuerda las grandes fechas de la historia de las religiones.

bien. Y de pronto apareció un hombre de paso tímido. Contrariamente a lo anunciado en el programa, no era el jeque Alí ben Ahmed.

Por los altavoces, un locutor dijo con gran teatralidad:

—Por el equipo del cristianismo, el doctor Christian Clément, de Suiza.

Toda la sala aplaudió, pero con reserva. Con paso vacilante, fue a sentarse al lugar que tenía reservado. Inmediatamente lo siguieron los otros competidores.

—Por el equipo del judaísmo, el rabino David Halévy, de Israel... Por el equipo del hinduismo, el swami Krishnananda, de la India... Por el equipo del budismo, el maestro y monje Rahula, de Sri Lanka... Y por el equipo del ateísmo, el profesor Alain Tannier, de Francia.

Al anuncio del defensor del ateísmo, algunas personas silbaron en la sala y alguien gritó con voz atronadora:

—¡Fuera los infieles! ¡Los sin Dios no tienen lugar aquí! ¡En nombre de Alá, sáquenlo!

Todas las miradas escrutaron el lugar de donde provenían los gritos. Su autor era un hombre barbudo y de tez morena.

El Sabio se sintió molesto con esa situación imprevista. Levantándose con determinación, hizo un gesto a los guardias para que se acercaran al aguafiestas. A pesar de su violenta resistencia, fue sacado de la sala. El público estaba como helado. Algunas personas hasta se levantaron y abandonaron ruidosamente el encuentro. Durante todo ese tiempo, Alain Tannier había permanecido calmo, con una ligera sonrisa en los labios. Como si el perturbador se hubiera convertido, a su pesar, en el aliado de las tesis que iba a defender.

Le correspondía al Rey inaugurar esas justas. Emocionado por lo que acababa de pasar, dudó de leer su discurso. Decidido a abreviarlo, proclamó sin la solemnidad para la que tanto se había preparado:

—En nombre de mi pueblo y de todos los hombres de buena voluntad, declaro oficialmente abierto este primer Gran Torneo de las religiones. Acojo con profunda gratitud a los delegados que han aceptado representar sus diferentes tradiciones y medirse con las otras. Con un espíritu deportivo van a defender sus propias perspectivas y a enfrentarse con las de los demás. Que la Verdad y la Sabiduría triunfen en estas justas...

En ese momento, todo el público volvió la cabeza hacia la puerta de entrada de los delegados. En ella había aparecido una joven de una turbadora belleza. Su cuerpo estaba envuelto en una tela sedosa y su rostro denotaba su paz interior. Un pequeño velo ocultaba y revelaba a un tiempo una cabellera ondulante y negra. Con mano discreta sostenía a un hombre de más edad, visiblemente ciego.

—Por el equipo del islam, el jeque e imán Alí ben Ahmed, de Egipto.

El delegado musulmán, con el amable apoyo de la joven, se dirigió a su lugar. Luego, con tono lento pero pleno de seguridad, dijo:

—Alteza, señor moderador, señoras y señores del jurado, queridos representantes de otras religiones y del ateísmo, les ruego que excusen mi tardanza así como la de mi hija mayor Amina, que Alá me ha dado como ojos y consuelo. La sesión de apertura del torneo estaba señalada para la hora de nuestra tercera plegaria cotidiana. Como todo buen musulmán, debo servir a Dios antes que a los hombres. Por eso mi tardanza. Gracias por su comprensión.

En medio de un profundo silencio, se sentó. El público quedó conquistado por la prestancia, la fe y la autoridad del hombre, como acababa de serlo por la luz y la discreción de su hija. En cuanto al Rey, no terminó su discurso. Farfulló algunas palabras de agradecimiento. Algunas estaban dirigidas en especial al Sabio, a quien el Rey entregó oficialmente la presidencia del torneo.

Presentación de las pruebas

—Señoras y señores —empezó el Sabio—, vamos a vivir momentos históricos y decisivos para nuestro país, y aun para la humanidad. Después de estas justas, vamos a decidir si queremos, sí o no, una religión para nuestro pueblo y, si es así, cuál. Esto es lo que pedimos a los participantes: deben presentarnos en un lenguaje claro, comprensible y convincente el contenido de su religión. Agradezco también al profesor Tannier su presencia aquí. Su papel es hacer que prestemos atención a críticas importantes y fundamentales que podrían escapársenos. Vamos a proceder de la manera siguiente: cada uno, por turno y después de echarlo a la suerte, deberá presentar al fundador y los fundamentos de su religión, un texto capital de su tradición y una parábola significativa. Después de cada presentación, los otros competidores, si lo desean, podrán tomar la palabra e interpelar al que acaba de expresarse. Según el tiempo del que dispongamos, el público también tendrá derecho a intervenir. Al final de todas las presentaciones, el jurado y el Rey deberán decidir qué religión o visión del mundo será adoptada por nuestro país. ¡Que empiece el concurso!

La orquesta tocó el estribillo del himno del Gran Torneo. Durante ese tiempo se procedió a sortear los turnos. Alain Tannier fue designado el primero; le tocó el temible privilegio de abrir el fuego.

Aprovechando ese momento de transición, el Bufón se volvió hacia el Sabio y le deslizó al oído:

—Excepto la bonita musulmana, que en cualquier caso deberá callarse, no hay ninguna competidora. Creía que las mujeres eran más religiosas que los hombres. Pero, cuando se trata de hablar, siempre se expresa la misma mitad.

—Bien visto, señor Bufón —replicó el Sabio.

—Sabes que tengo razón. Pero felizmente Eloísa está aquí para reforzar la presencia femenina en el estrado.

Luego, con mucho afecto, el Bufón acarició el cuello de su tortuga.

LA EXPOSICIÓN DEL ATEO

Alain Tannier se levantó con calma y determinación. Profesor de filosofía en una gran universidad parisina, hacía a menudo giras como conferenciante por Estados Unidos. Un gran auditorio no lo intimidaba. Por el contrario, le gustaba esa forma de comunicación, que le permitía dar lo mejor de él mismo. Sus contendientes lo miraban con una bruma de inquietud en los ojos. Estimulado por ese ligero temor, se volvió decidido hacia el jurado y hacia el Rey.

—Alteza, señoras y señores, antes que nada permítanme expresarles mi agradecimiento. Después de extraños sueños, venidos digamos de Dios o más simplemente del inconsciente colectivo, ustedes eligieron llamar también a un no creyente. Y me siento honrado. Cuando el comité de la Unión Mundial de Librepensadores me llamó para este torneo, me sentí muy perplejo. "¿Puede salir algo bueno de tales competiciones?" me pregunté. Pero al estar entre ustedes ya no tengo la menor sombra de duda. La apuesta era tal que tenía que venir. ¿Por qué me eligieron? Tal vez porque he completado mis estudios de teología... antes de convertirme en ateo.

Una oleada de asombro, y aun de indignación, agitó a la sala. Sólo el Bufón se regocijaba.

—Soy ateo —continuó—, y me siento orgulloso de serlo. ¿Les sorprende que un teólogo se convierta en ateo? Feuerbach, que inspiró a Marx en su juventud, fue teólogo antes de convertirse en un ardiente defensor del materialismo. Incluso Stalin en un momento fue seminarista. En cuanto a Nietzsche, era hijo de un pastor e inició estudios de teología en Bonn. ¿Tal vez oyeron hablar de los teólogos de la muerte de Dios? ¿No? No importa. No quiero darles un curso de historia del ateísmo de Demócrito a Sartre pasando por Darwin y Freud. El moderador me pidió claridad y sencillez. Yo también quiero ir a lo esencial.

Alain Tannier respiró profundamente. Una expresión grave y determinada dominaba su rostro.

—Oh, Rey, los hombres religiosos le hablarán con entusiasmo del mejor de sus textos y de sus tradiciones. Lo que me deja perplejo son no tanto sus palabras como sus silencios... "Dios es Fidelidad", le dirán los judíos. "Dios es Amor", le cantarán los cristianos. "Dios es Misericordia", proclamarán los musulmanes. Pero lo que "olvidarán" decirle es que sus textos sagrados lo describen también como el "Devastador" (Isaías 13, 6), como un "Fuego devorador" (Epístola a los Hebreos 12, 29), como Aquél capaz de un "gran odio" hacia los que discuten equivocadamente sus Signos (Corán, 40, 34 ss.). Los hindúes alabarán los méritos de sus liberaciones espirituales, pero no dirán una palabra de los millones de esclavos dentro y fuera de las castas, sistema de opresión que muchos de sus textos religiosos justifican. Los budistas le harán descubrir su gran compasión hacia todos los seres, pero ¿evocarán las rivalidades entre monasterios y el subdesarrollo social y económico en muchos de sus países? Cada día en el mundo, a seis mil jóvenes musulmanas, animistas y cristianas les practican la ablación del clítoris; cada quince segundos, una niña es mutilada para siempre en su intimidad. Y hay hombres que justifican esta práctica en nombre de su religión. Mientras discutimos de metafísica en este lugar apartado, la Tierra sigue girando como un tiovivo sin control. ¿Y qué dicen las autoridades religiosas contra esas atrocidades? Nada o poco. Y cuando hablan, a menudo contribuyen más a agravar los problemas que a resolverlos.

"¿Tengo necesidad de recordar que millones de hombres, mujeres y niños han muerto en guerras de religión? Todo esto lo saben o deberían saberlo. Por supuesto que conozco la respuesta de sus dignatarios espirituales: «Las guerras», nos dicen, «no son religiosas sino ante todo políticas. Son los políticos los que usan la argumentación religiosa para justificar sus acciones y arengar a sus tropas». Esto es exacto a veces, pero no siempre. En nombre de las Verdades absolutas, cuántas muertes inútiles..."

El profesor Tannier se detuvo un momento para beber un trago de agua, y disfrutó de la frescura de su bebida tanto como de la ebriedad de ser escuchado atentamente.

El Sabio echó una ojeada hacia el Bufón. En un silencio recogido, éste parecía visiblemente feliz de que "su" candidato fuera tan eficiente.

—No, Alteza —continuó el profesor—. No necesito desarrollar

una larga argumentación para mostrar cómo las religiones mantienen a sus fieles en un estado de anestesia, infantilismo e irresponsabilidad. Entre todas las preguntas sin resolver que hacen de mí un ateo, sólo presentaré dos.

Dios no existe

—Mi primera dificultad concierne a la existencia de Dios. Uno de mis hijos, de cuatro años, me planteó la siguiente pregunta: "Si Dios creó el mundo ¿quién creó a Dios?". ¿Dios sería la Causa *primera*? La Causa *última* de las causas de las causas? Mi razón no puede aceptar esta fosilización que sería la sanción de una causa sin causas. En efecto ¿de dónde viene ese Dios? Hasta hoy, ningún teólogo o filósofo ha podido dar una respuesta válida.

"Mi segunda dificultad que, en orden de importancia, es por cierto la primera, concierne a su invisibilidad e inaudibilidad. ¿Por qué, si existe, no se lo ve y permanece en silencio? Los religiosos me contestan que Dios se reveló a profetas y videntes. Judíos, cristianos y musulmanes hablan en sus escritos sagrados de una «autorrevelación» de Dios, y los hindúes, de la *sruti*, de la Voz eterna *escuchada* por los *rishis*, los poetas inspirados. Todo esto data de siglos y aun de milenios. ¿Tal vez todos esos textos no eran sino medios para justificar una cohesión social en nombre de una Verdad indiscutible? A mí lo que me preocupa no es lo que pasó en épocas inmemoriales sino lo que vivimos hoy. ¿Por qué *ahora* Dios, si existe, permanece tan oculto y tan discreto? Que no se digne manifestarse en la vida de un pobre profesor de filosofía, en última instancia, puedo aceptarlo. Tal vez soy muy molesto para él. Pero que pueda mirar sin inmutarse el sufrimiento de los inocentes es simplemente intolerable. ¿Qué digo, *de los* inocentes? Un solo niño que grita de dolor pesa más en la balanza de los argumentos contra Dios que todas las bibliotecas teológicas de la Tierra. Pero temo ser todavía demasiado abstracto."

Alain Tannier marcó una nueva pausa, como para reunir su energía y hacerla explosionar en su último ataque.

—En un país africano, pero podría producirse casi en cualquier lugar del mundo, una madre y sus dos hijos son despertados en plena noche. El padre, que participa en la guerra, no da signos de vida desde hace meses. ¿Es él que vuelve? ¿Por fin la vida va a retomar su curso normal? ¿El niño podrá en adelante gozar de la mirada de orgullo que su padre posará en él? ¿La muchacha tendrá por fin la alegría de casarse con ese hermoso joven que la contempla con ternura? La puerta se abre. Soldados del campo enemigo irrumpen en la minúscula choza lanzando gritos groseros y burlones. Se apoderan del joven, bajo las miradas angustiadas de la madre y la hija. Delante de ellas, excitados por sus gritos, lo cortan con sus cuchillos. Las piernas, el sexo, el vientre, la cara... Luego, rápidamente, fabrican una horca, y lo que queda del cuerpo sanguinolento y despedazado es crucificado, allí en esa madera... ¿Tienen un nudo en el estómago? Pero no ha terminado, escuchen la continuación. Los soldados, ebrios de locura y alegría, se apoderan de la joven. Le arrancan la ropa con rabia. Con las manos todavía manchadas de sangre, mancillan el cuerpo de la que se había conservado para las caricias de un marido amante. Uno tras otro, y durante horas, la violan, la desgarran, la quiebran. Luego la encadenan y se la llevan con ellos esperando venderla como esclava a un buen padre de familia, que dirá sus oraciones cada día. Dios, si existe, ¿cómo puede soportar todo esto sin mover ni su meñique? Y sin embargo el cielo permanece silencioso. Abominablemente silencioso. "La única excusa de Dios es que no existe", afirmó Stendhal. En lo que tenía toda la razón.

"Oh, Rey, señoras y señores del jurado, desconfíen de los hombres religiosos, de sus discursos consoladores y edulcorados que ocultan en realidad una sed insaciable de poder. Pueda su país ser preservado de sus respuestas simples a preguntas complejas, de sus apelaciones a lo divino que mutilan en nosotros lo que es preciosamente humano."

De pronto, Alain Tannier se interrumpió y lentamente se sentó. El efecto sorpresa fue impresionante. En la sala, nadie se movía. Los delegados de las diferentes religiones habían bajado los ojos. Como si estuvieran en meditación o en oración...

Confrontaciones

El Sabio rompió el silencio. Con unas palabras, recordó las "reglas del juego" y dio la palabra a los representantes de las diferentes tradiciones religiosas.

El primero en manifestarse fue el swami. Se levantó y, para gran asombro de todos, abandonó la sala. Desamparados, los organizadores se consultaron para saber cómo reaccionar. No tuvieron tiempo de tomar una decisión porque el swami reapareció. En la mano tenía

La exposición del ateo   33

una flor que acababa de cortar en el magnífico jardín del claustro. Sin decir una palabra, se acercó a Alain Tannier y con un gesto sobrio y digno se la entregó. Luego volvió a su lugar. El profesor de filosofía, embarazado por este gesto, interrogó con los ojos al swami. Éste le sonrió largamente pero no abrió la boca.

La atmósfera empezó a hacerse pesada. El ateo no era el único sorprendido. El budista, tal vez equivocado, se sintió provocado por ese gesto. Se parecía demasiado al del mismo Buda, que había entregado una rosa a uno de sus interlocutores. Para gran alivio de todos, el monje tomó la palabra:

—Profesor Tannier, su notable exposición nos ha emocionado a todos. Como budista, debo decir que me siento próximo a su análisis, aunque soy un hombre religioso. Pero es necesario comprender bien esta palabra... Usted no ignora que el budismo rechaza la perspectiva de un Dios creador del mundo que, si lo fuera, sería responsable de los sufrimientos del universo. Siddharta Gautama, el Buda Sakyamuni, no se pronunció sobre el tema que usted llama "Dios". Lo que lo preocupaba, y a nosotros con él, es el sufrimiento, y más precisamente la liberación del sufrimiento. Dicho esto, los budistas no niegan la Realidad última. Ésta hasta pudo ser llamada "Dios" por algunos. A lo que se niegan es a encerrarla en categorías de pensamiento impropias de su naturaleza.

Alain Tannier estaba aliviado. Colocó la flor a su lado. Las pocas palabras del maestro Rahula le permitían volver al mundo discursivo, del que lo había desconcentrado incómodamente el gesto del swami.

—Querido maestro, conozco mal la religión o la filosofía budista. Varios de mis colegas me han dicho sin embargo que las conclusiones de nuestros pensadores estructuralistas concuerdan a veces con las suyas.

El Sabio intervino con prontitud:

—Recuerdo a los competidores que deben absolutamente evitar hacer referencia a doctrinas o pensamientos abstractos, a menos que los expliquen con claridad y sencillez al público.

Alain Tannier no consideró útil continuar en ese momento el diálogo con el monje budista. Esperaba con impaciencia los ecos de otros participantes a su severa crítica de las religiones.

Un universo orientado

Se puso en pie el rabino Halévy, muy emocionado.

—Señor profesor, soy judío. Y contrariamente al maestro budista que acaba de expresarse creo con todo mi pueblo en un Dios creador, bendito sea su nombre. Cuando, hace un momento, evocaban el sufrimiento de esa familia africana, no podía dejar de pensar en mis abuelos, que murieron en el campo de concentración de Treblinka, y en ese millón y medio de niños judíos masacrados durante la guerra. Nuestras noches están habitadas por sus miradas suplicantes, impotentes, apagadas. Por la mañana cuando me despierto me gustaría tener a uno solo de esos niños entre mis brazos y decirle que lo amo. Pero me encuentro solo con mis imágenes de horror y su realidad que me es inaccesible para siempre. A pesar de la *Shoah*, ese desastre que diezmó a nuestro pueblo, creo y sigo creyendo en el Creador de los cielos y de la tierra, liberador de todas las formas de esclavitud que, en su momento, enviará a su Mesías, su Oint. Para mí lo que plantea un problema no es la existencia de Dios sino simplemente la existencia. Como lo han preguntado muchos de los filósofos que usted conoce bien: "¿Por qué es el ser y no más bien la nada?". Supongamos por un momento —Dios me lo perdone— que Dios no existe; aceptemos por un momento su hipótesis. ¿Qué nos queda? El universo con su maravillosa complejidad y sus ásperos combates. Pero ¿de dónde viene? ¿De la nada absoluta? ¡Impensable! ¿Cómo algo podría salir de *nada*?

El Sabio, interpelado por el razonamiento presentado y olvidando sus funciones de moderador, intervino en el debate:

—Pero, señor rabino, los físicos contemporáneos hablan de "vacío cuántico" original a partir del cual habría evolucionado el universo.

Del mismo modo, él había también olvidado sus propias exigencias de sencillez.

—Tal vez —continuó David Halévy—, pero ese vacío no es una pura nada. Es un potencial, una latencia. En el origen, hay *algo*, una especie de energía indescriptible, hecha de "materia" y "antimateria", de la que tomará forma el universo. La única pregunta que planteo es: ¿de dónde viene esa "energía"? Repito el interrogante fundamental: "¿Por qué es el ser y no más bien la nada?".

Alain Tannier había abordado a menudo estas preguntas, pero sin animarse a profundizar hasta sus últimas consecuencias. Comprendió entonces que la razón humana es fuerte para criticar los diferentes puntos de vista, en este caso las concepciones religiosas, y frágil para crear una perspectiva que pueda resistir cualquier crítica. Como tardaba en contestar, el doctor Christian Clément tomó la palabra:

—La pregunta que plantea el rabino Halévy me recuerda una anécdota que contaba el pastor Richard Wurmbrand, que también padeció sufrimientos indecibles durante sus numerosos años de prisión en Rumania. Un campesino ruso cristiano, encarcelado por sus convicciones religiosas, fue interrogado por sus verdugos: "Dinos quién ha creado a Dios y te dejaremos en libertad". Tras un momento de reflexión, el campesino contestó: "Si responden a mi pregunta contestaré a la de ustedes. ¿Cuál es el número que está antes del uno?". ¿Qué podían contestar? ¿Cero? Pero cero no es un número sino la ausencia de número. ¿Menos uno? Pero menos uno es uno considerado negativamente... No. Para calcular, uno es el punto de partida insoslayable. De la misma manera, deducía el campesino, Dios es el "uno" a partir del cual todo se piensa y se vive. La cuestión, desde entonces, no consiste tanto en saber si Dios existe o no sino en quién es ese "Dios", ese "uno", a partir del cual todo existe.

Alain Tannier interrumpió al cristiano casi con brutalidad:

—¡Un momento, va demasiado lejos! Su manera de jugar con las palabras confunde más que aclara. Quiero reconocer que, para todos nosotros, el origen de lo que es sigue siendo un misterio. Pero llamar "Dios" a ese origen primero es crear confusiones y recuperar para la teología aquello que no le pertenece. En tanto que no creyente en Dios, quiero admitir que creo en una energía cuyo origen se me escapa y de la cual, por el azar y las leyes de la complejidad, ha nacido nuestro universo, tal como lo conocemos. Pero, por favor, no utilice esto para imponerme, a mi pesar, una creencia en "Dios".

Christian Clément no tuvo tiempo de preguntarle dónde estaban las fuentes de esas "leyes de la complejidad" y cómo, por un puro azar, podía nacer algún orden cuando ya el rabino continuaba su discurso:

—Querido señor filósofo, entonces usted reconoce, ya que también usted postula una energía cuyo origen se le escapa, que el problema del origen de lo que llamamos "Dios" también puede escapársenos. Es así como su pregunta sobre la Causa primera no tiene respuesta. Todo lo que podemos decir, en tanto que creyentes o no creyentes, es que el universo existe, aunque parezca imposible, a partir de causas que también se nos escapan tanto a nosotros... como a ustedes. Lo que diferencia a los hombres religiosos de los demás es que para nosotros este universo está *orientado*. Está animado por un *Sentido*. Y es precisamente ese "Movimiento orientador", el misterio de Dios, el que buscamos acoger con humildad en la experiencia religiosa.

Dios más grande

—Llegamos en este momento —continuó el profesor—, a mi segunda pregunta que, de hecho, es la primera: ese *Sentido* del que usted habla, si existe ¿por qué es tan silencioso? Sus argumentos no consuelan a la familia africana cuyo drama he descrito ni a los niños judíos asesinados en Auschwitz.

Todos miraron al rabino. Después de algunas vacilaciones, éste contestó:

—No quiero monopolizar la palabra pero, dado que vuelve a solicitar mi parecer, permítame una vez más devolverle la pregunta. Supongamos por un instante —y Dios me perdone una vez más— que Dios no existe. ¿De dónde viene entonces todo el mal del que es capaz el hombre? Usted está obligado a reconocer que procede del hombre y de ninguna otra parte. El mal cometido es un mal humano. Sobre este punto, usted y yo estamos de acuerdo. Lo que me maravilla en los ateos, al menos en algunos de ellos, es que, habiendo perdido la confianza en Dios, puedan continuar conservándola en el hombre. ¿Cómo encontrar el valor de vivir todavía en esta tierra si se está persuadido de que la humanidad está totalmente entregada a la monstruosidad de la que el hombre es capaz? Lo que nos diferencia de los ateos es que para nosotros, los creyentes, el Mal, aun en todo su absurdo, nunca tendrá la última palabra en la historia. ¿De dónde viene esta confianza que algunos califican de "opio"? De nuestra fe en ese "Movimiento orientador" que llamamos "Dios". Más aún, es la experiencia de ese "Movimiento" en nuestras vidas lo que nos da la fe.

Christian Clément se sentía feliz al escuchar al rabino formular todas esas cosas que también él hubiera podido decir. Hasta el jeque Alí ben Ahmed aprobaba a su cofrade judío y se preguntaba por qué todavía los separaba tanta enemistad. El maestro budista, por el contrario, no podía aceptar esa perspectiva; pero decidió no intervenir. En cuanto al swami, la misma sonrisa misteriosa iluminaba su cara.

—Como no todos tienen esa fe —murmuró Alain Tannier—, ¿esto

significa que ese "Movimiento orientador", como lo llama, actúa sólo en ciertos elegidos?

El rabino había comprendido que la crítica del filósofo se dirigía a la idea de elección, tan apreciada por los judíos, y que los cristianos y musulmanes habían retomado por su cuenta.

—Todos son elegidos a su manera —respondió de forma lacónica.

El doctor Clément retomó la palabra:

—Desde la Ilustración, las Iglesias cristianas se han opuesto al ateísmo. Pero poco a poco han tomado conciencia de que las severas críticas contra la institución eclesiástica y la experiencia religiosa podían ayudarlas a crecer, a purificar las imágenes de Dios y de lo humano. Para nuestros creyentes, el ateísmo tiene su parte de verdad. Saben que los primeros cristianos eran considerados ateos porque negaban los dioses del Imperio Romano al aceptar un Dios único, Señor solo del universo. Georges Bernanos reconoció que había que aceptar la muerte de algunas de nuestras representaciones de lo divino. El Dios-manojo de llaves, respuesta a todos nuestros interrogantes, el Dios-pañuelo, consuelo de todos nuestros sufrimientos, el Dios-monedero, fuente de todas las seguridades; de acuerdo, este Dios debe morir definitivamente. Freud tenía razón al poner en evidencia que los humanos pueden proyectar en Dios su vida inconsciente y las imágenes que se hacen de su padre terrenal. También la tenía Durkheim al describir lo sagrado como una proyección de la vida de los grupos o de los lazos sociales. Dicho esto, para nosotros, Dios, el verdadero Dios, está siempre más allá de las representaciones humanas.

El jeque Alí ben Ahmed, hasta entonces silencioso, se levantó de su asiento, sostenido por Amina:

—Señor Tannier, si tardé en participar en este debate, no es porque su presentación me haya dejado indiferente. Nada más lejos. Hay algunos musulmanes que no soportan a los ateos y los juzgan de manera apresurada. También a ellos hay que tratar de comprenderlos. En nuestros países —llamados por error "musulmanes", en la actualidad ninguno lo es de verdad—, no hemos tenido como en Occidente una crítica tan severa de la religión en nombre de filosofías ateas. Es cierto que hubo debates memorables en los que los ateos pudieron expresar sus puntos de vista. Pero nuestros grandes filósofos, los célebres *falasifa* helenizantes, que tanto han contribuido a dar a conocer en Occidente a los filósofos griegos, todos han sido prácticamente hombres religiosos. Es el caso de al-Kindi, al-Farabi, Ibn Sina (Avicena) y más tarde Ibn Ruchd (Averroes), para citar sólo a algunos.

Incluso al-Razi, más familiarmente llamado Razi, conocido por sus acerbas críticas contra los llamados profetas seducidos por su orgullo, no era un materialista en el sentido occidental del término. Para nosotros, los musulmanes, Dios es tan importante que cualquier negación de su Ser nos parece impensable. Dicho esto, en nuestra *shahada*, nuestra profesión de fe islámica, decimos sin cesar: "No hay Dios más que Alá". Nuestro credo empieza por una negación. Para poder afirmar al verdadero Dios, en principio hay que negar a los falsos dioses y, sobre todo, a las falsas representaciones de Dios. *"Allahu akbar"* proclaman un millón de musulmanes a través del mundo. Para los menos educados, esto quiere decir que "Alá es el más grande", que supera a todos los dioses de las otras religiones. Pero *"Allahu akbar"* quiere decir que "Alá es más grande", que Dios siempre es más grande que nuestras propias representaciones de él. A causa de esto, puedo coincidir con el doctor Clément, que acaba de intervenir. Empiezo a creer, aunque esta opinión es muy minoritaria entre los musulmanes, que el ateísmo no es necesariamente un enemigo de la verdadera religión.

El sabio musulmán se sentó apaciblemente. Christian Clément continuó casi enseguida:

—No sólo el ateísmo no es necesariamente un enemigo para nosotros, sino que hasta diría que puede ser un aliado en nuestra continua búsqueda de Dios en su verdad. El ateísmo es un aguijón que nos impide paralizarnos. Lessing dijo: "La búsqueda de la verdad es más preciosa que la verdad". En esto tenía toda la razón.

Alain Tannier estaba irritado. No le gustaba la manera en que el doctor Clément englobaba el ateísmo en su fe. Sonaba demasiado a recuperación. Pero no tuvo tiempo de expresar lo que confusamente sentía. Un joven del público se había levantado con violencia. Su hablar demasiado rápido revelaba la extrema presión interior que no lograba dominar.

Controversias

—Dios no está de acuerdo con usted. El señor Clément no conoce personalmente a Jesús, que en el Evangelio de Juan dice en el capítulo 14, versículo 6: "Yo soy el camino, la verdad y la vida; nadie viene al Padre sino por mí". Un verdadero cristiano, nacido de nuevo, ya no tiene que buscar la verdad. La ha encontrado en Jesús. Les guste o no a los otros, lo mismo debe anunciarla. El apóstol Pedro, el día de Pentecostés, proclamó: "Fuera de él no hay que buscar la salvación en ningún otro. Pues no se ha dado a los hombres otro nombre debajo del cielo por el cual debamos salvarnos". Así está escrito en el libro de los Hechos de los Apóstoles, en el capítulo 4, versículo 12. Además, se dice...

El Sabio interrumpió con firmeza al joven:

—Señor, el público podrá expresar su opinión enseguida. Si no acepta mostrar un mínimo de cortesía y respeto hacia los que no piensan como usted, entonces su lugar no está aquí. No toleraré ninguna otra intervención intempestiva como la suya. Doctor Clément, tenga a bien terminar lo que quiera decir.

—Se lo agradezco, pero ya había terminado. Responderé al joven cuando llegue mi turno.

—Entonces, profesor Tannier —continuó el moderador—, ¿desea comunicarnos algo más?

La vehemencia exclusivista del joven llevaba más agua a su molino que él mismo.

—No, no tengo nada más que decir —contestó con toda tranquilidad.

—Entonces, tiene la palabra el público y luego el jurado. ¿Quién desea intervenir?

En la sala, un hombre de cierta edad levantó la mano:

—Escuché con mucho interés al profesor Tannier. Lo que me asombra es que, en su alegato, no habló de la ciencia que, como todo el mundo sabe, se opone a la religión. ¿Podría conocer la razón de ese silencio?

Una joven solicitó la palabra.

—¿Su pregunta continúa la que acaba de plantearse? —preguntó el Sabio.

—Absolutamente —respondió ella—. No se trata de una pregunta, sino de una observación. El señor que acaba de hablar no está, al parecer, al corriente de las últimas evoluciones en el mundo científico. Yo he estudiado física en la Escuela Politécnica Federal de Lausana y allí una de mis amigas hizo una pequeña encuesta. Preguntó a todos los profesores del departamento de física si creían en Dios. Si recuerdo bien las cifras, un sesenta por ciento se declararon creyentes y los otros agnósticos. Pocos profesores, por no decir ninguno, se declararon ateos. Casi todos los grandes físicos de este siglo han sido religiosos; piensen en Einstein, Heisenberg, Max Planck y muchos otros. ¿No debería decirse de una vez por todas que en la actualidad las ciencias son mucho más humildes y que ya no se oponen a las religiones?

El profesor Tannier decidió intervenir:

—Estoy muy agradecido a las dos personas del público que acaban de intervenir. No conozco las cifras dadas por la señorita. En Francia, una encuesta del *Nouvel Enquêteur* en 239 investigadores del Centro Nacional de Investigaciones Científicas reveló que 110 se declaraban creyentes, 106 no creyentes y 23 tenían dudas. La relación entre ciencias y religiones es un debate demasiado vasto para que lo aborde aquí. No me referí a este tema en mi exposición porque, efectivamente, en la actualidad muchos sabios se declaran creyentes. Observen que esto no es una prueba de la existencia de Dios porque, fuera de la disciplina en que se han especializado, muchos científicos pueden ser muy crédulos. Lo que esto muestra es que tienen necesidad de una visión del mundo más vasta y más relacionada. Para mí, se engañan al querer encontrar ese marco de pensamiento en el seno de las religiones.

La parábola de un jesuita

Viendo que la hora avanzaba, el moderador cedió la palabra al jurado para una última intervención. Habló el más reglamentista de sus miembros:

—Compruebo que el señor Tannier no ha contestado de manera estructurada y coherente a las preguntas formuladas por el moderador. Tal vez no se sintió obligado a hacerlo. Sin embargo, deseo preguntarle si no tendría una parábola para contarnos.

Alain Tannier no trató de excusarse. Su exposición no podía entrar en las categorías propuestas por el Sabio. Contestó con sencillez:

—No soy muy hábil para contar parábolas, pero hay una, citada por el jesuita Anthony de Mello, que me gusta especialmente.

Al notar el asombro de una parte del público, preguntó con una amplia sonrisa:

—¿Por qué un ateo no puede citar a un jesuita? Una vez escuché a un católico decir que si hay algo que Dios no sabe, es lo que verdaderamente piensa un jesuita. Ya que se considera a los jesuitas maestros en el arte de citarnos para atacarnos mejor, ¿por qué no podría yo apoderarme de sus armas? Ésta es la parábola que contaré a mi manera.

"Hace mucho tiempo, en una región desértica, los árboles eran pocos y los frutos crecían con dificultad. Un hombre que se creía «profeta» dio una orden que, decía, provenía de Dios. «Ésta es mi orden para todos: nadie comerá más de un fruto por día. Que quede escrito en el Libro Santo. Quien infrinja esta Ley será culpable de una falta grave hacia Dios y hacia la humanidad.» En esa época, y para el bien de la comunidad de entonces, era un precepto de sentido común. La Ley fue observada con fidelidad durante siglos, hasta el día en el que los científicos descubrieron un medio para transformar el desierto en tierra cultivable. El país se enriqueció con árboles frutales capaces de una productividad extraordinaria. Pero, a causa de la Ley, escrupulosamente observada por las autoridades religiosas y aun civiles del país, los árboles se doblaban bajo el peso de los frutos no recogidos. «Un fruto por día», estaba escrito. Cualquiera que denunciara el pecado contra la humanidad que consistía en dejar podrir tanta fruta era calificado de blasfemador. Se decía de la gente que osaba poner en duda el valor y la actualidad de la Palabra de Dios que estaban guiados por una razón orgullosa y que eran incapaces de fe y de sumisión, que son las únicas que abren el espíritu a la Verdad suprema. Como el llamado «profeta» había muerto hacía mucho tiempo, nadie podía interrogarlo para saber si la Ley todavía era válida cuando las circunstancias habían cambiado tanto. Por eso las autoridades religiosas continuaron exigiendo que se aplicara la Ley «divina». A través de los años, cada vez más personas se burlaron de la Ley, de Dios y de la religión. Otros infringieron la orden en secreto, siempre con mala conciencia. En cuanto a los «fieles» que se atenían rigurosamente a la Ley, estaban persuadidos de ser mejores que los otros, cuando practicaban una costumbre insensata y superada que no tenían el valor de abandonar. Esto es todo."

Recibir una flor

El Bufón, que estallaba de alegría, se levantó y aplaudió ruidosamente:
—¡Bravo, señor Tannier! ¡Gracias por haber sido un hombre valiente! —exclamó con ímpetu—. A propósito, ¿conoce la historia de un obispo que un día le pregunta a un grupo de niños: "Hijos e hijas míos, ¿qué es el valor?" Como nadie contestaba el obispo dijo en tono docto: "Y bien, el valor es cuando están en un dormitorio de

niños y de pronto se atreven a saltar de la cama para ponerse de rodillas y decir sus plegarias antes de dormir... ¿Alguien tiene algún otro ejemplo de valor para proponernos?", preguntó con bastante orgullo. Un niño levantó con timidez la mano y dijo: "Sí, yo tengo otro ejemplo. El valor es cuando en un dormitorio de obispos, uno de ellos, a la hora de acostarse, se atreve de pronto a meterse en la cama sin haberse puesto de rodillas para decir su plegaria".

"Señor Tannier, su valor en medio de este foso de leones de hombres religiosos ha fortalecido el mío. Ha sido fiel a sus iniciales: A. T., el ATeo, reciba nuestro agradecimiento."

Y tomando a Eloísa en brazos, el Bufón se puso a bailar una danza ridícula alrededor de la fuente hasta que el Sabio le pidió con energía que regresara a su lugar. Al volver la calma, puso fin a la primera competición:

—En esta primera jornada del torneo, quiero agradecer al profesor Tannier y a los otros participantes sus intervenciones. Todos han contribuido a enriquecer nuestra reflexión.

Mientras el Sabio terminaba de hablar, el swami se levantó y se dirigió hacia el profesor. Volviendo a tomar la flor que le había dado antes se la tendió recitando estas palabras:

—Un hombre sin dios es como una flor sin tierra. Si se marchita no es por culpa de lo Absoluto, sino de su absoluto desarraigo.

Saludando con respeto al filósofo asombrado, el swami salió de la sala.

La primera justa había terminado, los miembros del jurado trabajaron todavía largos minutos para ultimar sus notas. No habiéndose previsto nada especial para esa noche en atención al cansancio de los viajeros, la mayoría de los "deportistas" y de los espectadores se acostaron pronto.

La primera noche

Al Rey le costó dormirse. En su cabeza, y a pesar de todos sus esfuerzos, bailoteaban numerosas imágenes. La familia africana martirizada, la parábola de los árboles frutales, la danza estúpida del Bufón, la hermosa Amina con su padre ciego... y tal vez, por encima de todo, el discurso fallido que tan mediocremente había balbuceado. La trivialidad de su pena lo hería aún más. "Nos hemos reunido para descifrar nuestros sueños y para determinar qué visión del mundo puede dar un sentido a nuestro pueblo, y yo me odio por haber carecido de la prestancia necesaria en la ceremonia de apertura."

El Rey comprendió que se tomaba por el ombligo del reino. Como si todas las miradas estuvieran fijas en él. "Pero ¿cuál debe ser el centro de mi país?", se preguntaba. "Todas las mañanas mi pueblo se levanta, trabaja, juega, come, cada uno se dedica a sus ocupaciones. Luego, cuando llega la noche, vuelven a acostarse. Ya que yo no soy el *nexo que los aglutina*, ¿quién lo es? ¿Por qué, por quién viven?"

Consumido por estas nuevas preguntas, el Rey se durmió con dificultad.

El Bufón estaba muy satisfecho de la jornada. Los éxitos de "su" campeón habían superado sus esperanzas más secretas. Feliz, saltó a su cama, sin haberse arrodillado para decir una oración...

En cuanto al Sabio, estaba bastante contento consigo mismo. Salvo las intervenciones incontrolables de algunas personas del público, había dominado bien esa primera jornada del torneo. Es verdad que la hora de la plegaria de los musulmanes no se había integrado en el programa. Pero el Sabio tomó la firme decisión de tenerlo en cuenta en los días siguientes. Excitado y feliz, se acostó en paz.

Alain Tannier fue el único que no pudo dormir en toda la noche. Su exposición había sido buena, hasta excelente según el Bufón. Pero ¿la podía tomar realmente en serio? Lo que más lo intrigaba era la flor del swami. La persona que menos había hablado era la que más lo había trastocado. Una flor... la tierra... un hombre... Dios... La imagen era trivial, muy simple, aun ingenua. ¡Y sin embargo! La argumentación del rabino también lo había sacudido. Dios, no como un Espíritu en alguna parte en un cielo imaginario, sino como "Movimiento orientador" en el corazón de lo real. Se acordó entonces del "Aliento vital" en Bergson y de la "Función organizadora de la vida" en Piaget. Este último, como él, por otra parte, había sido creyente antes de rechazar la fe.

Como en la parábola que había contado, Alain Tannier estaba persuadido de que la parte positiva que podía encontrarse en algunos mandamientos religiosos no era más que sentido común justificado teológicamente. De pronto, en su cabeza y en su corazón, el filósofo relacionó ese "sentido común" que tanto apreciaba con el "Movimiento orientador" del rabino. Una duda se infiltró en sus convicciones. "¿Y si, a pesar de todo, lo positivo en la historia humana era una especie de revelación interior de ese «Movimiento orientador» que, a su manera, buscaba dirigir la humanidad en un sentido... bueno? ¿Y si Dios era no un espíritu desencarnado, y aun fantasmagórico, sino una especie de «Vibración de Vida» en el corazón de la humanidad? Pero, entonces ¿por qué tantas guerras y odios? ¿Y por qué tantas diferencias entre las religiones? Sólo hay una verdad científica, aunque a veces esa verdad, como en física cuántica, pueda ser aparentemente paradójica y contradictoria..." Estas preguntas, como minúsculos mosquitos, abrumaron al filósofo hasta el alba.

LA EXPOSICIÓN DEL BUDISTA

Le ahorro al lector todos los detalles concernientes a la organización práctica de ese torneo aunque algunos no carecen de interés. En lo que atañe a la alimentación en especial, se necesitó amplitud y sensibilidad por parte de los cocineros para contentar a todo el mundo. Sin vino para unos, sin carne de cerdo o de buey para los otros; una manera de cocinar para los judíos, otra para los musulmanes. Una parte de los alimentos fue importada especialmente para los "JO" y, para el resto, bastaron los expertos consejos de algunos embajadores.

Después de un desayuno copioso, todos se reunieron para la segunda jornada de las competiciones. El azar quiso que el participante budista fuera designado. El Sabio abrió la jornada con unas palabras de bienvenida y después invitó a hablar al monje.

Con gran prestancia, el maestro Rahula, con su hermosa túnica color ocre, se levantó y se dirigió hacia la fuente.

Originario de Sri Lanka, había viajado mucho por los países budistas. Así, a través de los años, se había familiarizado íntimamente con las diferentes escuelas del budismo. Del Tíbet al Japón, pasando por Tailandia y Vietnam, pudo estar cerca de numerosos maestros que lo habían ayudado a encontrar su camino. Conocido por su "ecumenismo" y por la profundidad de su meditación, había sido elegido sin muchas vacilaciones por la World Buddhist Sangha entre los millones de monjes de la organización.

Rahula se puso en posición de meditación. Mantuvo esa postura apenas unos minutos, pero para el público, menos familiarizado con el silencio interior que con los ruidos del mundo, parecieron interminables. Algunos se aburrían. Otros oyeron por primera vez el murmullo tranquilizador de la fuente.

En el jurado, un hombre se irritó. Se volvió hacia su vecino y farfulló:

—He venido para descubrir a Buda y su enseñanza, y este hombre se encierra en un mutismo inútil.

En ese momento, el monje salió del silencio y, con el rostro apacible, afirmó con voz serena:

—La enseñanza de Buda no se reduce a una filosofía, ni a una religión, ni a un sistema ético. Más que una filosofía, es una práctica; a diferencia de una religión, no apela a una creencia o a un acto de adoración sino que invita a un trabajo sobre uno mismo; más que un sistema ético, es un medio de liberación. El budismo es el camino que lleva al Despertar, al conocimiento de la naturaleza verdadera de los seres y de las cosas, a la liberación radical del sufrimiento. A los que buscaban la Verdad, Buda les decía: "No se fíen para nada de los rumores, de la tradición, de la autoridad de los textos religiosos, de las suposiciones, de la simple lógica, de lo que dice el asceta. Pero cuando hayan visto por ustedes mismos: estas cosas son inmorales, estas cosas son malas, estas cosas son condenadas por los sabios, estas cosas, cuando son ejecutadas y emprendidas, conducen a la ruina y al sufrimiento, entonces las rechazarán. Cuando hayan visto por ustedes mismos: estas cosas son morales, estas cosas no son condenables, estas cosas son alabadas por los sabios, éstas, cuando son ejecutadas y emprendidas, llevan a la felicidad y al bienestar, entonces las practicarán".

Como el público parecía desconcertado, el budista enunció verdades más accesibles:

—El Dalai Lama ha afirmado: "Los mismos ideales de amor están en las raíces de las principales religiones de este mundo. Buda, Cristo, Confucio, Zoroastro, todos enseñaron el amor. El hinduismo, el islam, el jainismo, el judaísmo, la ley sij, el taoísmo persiguen idéntico fin. Todas las prácticas espirituales tienen por objetivo la progresión benéfica de la humanidad".

"Ya que es así, está bien que estemos juntos para descubrir nuestras religiones respectivas. Asoka, célebre rey budista de la India que renunció a cualquier conquista militar después de haber comprendido sus horrores, hizo grabar en la roca la inscripción siguiente: «No se debería honrar sólo a la propia religión y condenar las religiones de los otros, sino que se debería honrar las religiones de los otros por una u otra razón. Al actuar así, se ayuda a agrandar la propia religión y se hace un servicio a las de los otros. Al actuar de otra manera, se cava la tumba de la propia religión y también se perjudica las religiones de los otros. Quien honra su propia religión y condena las religiones de los otros lo hace, por supuesto, por devoción a su propia religión y piensa: glorifico mi propia religión. Pero, por el contrario, al actuar así, perjudica gravemente a su propia religión. La concordia es buena: que todos escuchen y quieran escuchar las doctrinas de las otras religiones».

"A partir de allí, una sociedad budista es aquella en la que todas las religiones y opiniones son respetadas. Oh, Rey, esto es lo que deseo para su país."

A Alain Tannier le gustaba escuchar este discurso. Pero no pudo dejar de pensar en la distancia que separa el ideal de lo real. Muchos países de tradición budista no muestran tanta apertura de espíritu. Sea en Birmania, en el Tíbet —mucho antes de la ocupación china— o aun en Sri Lanka. Los monjes son, o a veces han podido serlo, muy reticentes a la presencia de otras comunidades religiosas en su país. "Esta reticencia al otro —se consoló el filósofo— es cierto que en general es más fuerte en las otras tradiciones religiosas."

El fundador del budismo

—Me han llamado para conocer mejor al "fundador" del budismo, Siddharta, del clan de los Gautama. Como con seguridad lo saben, *Buda* es un título y significa el "Iluminado". Antes de serlo era un joven príncipe, que pertenecía a la casta de los guerreros. Protegido por su padre, vivía en la seguridad de un palacio. Todo esto sucedía en el siglo VI, o tal vez en el siglo V antes de la era cristiana, en el norte de la India, cerca del actual Nepal. A los dieciséis años se casó con Yasodhara, que le dio un hijo cuyo nombre llevo yo. Se cuenta que cuatro encuentros sacudieron su bien ordenada vida. Primero los que tuvo con un viejo, un enfermo y un cadáver y, después, con un monje errante. Renunciando a los placeres y a la vida familiar, se convirtió en un asceta en busca de una solución al terrible sufrimiento de la humanidad y del universo. Durante seis años vio a célebres maestros religiosos y se sometió a prácticas penosas y llenas de rigor. Insatisfecho con esas austeridades y persuadido de que en adelante había que rechazar los extremos del placer y de la mortificación, decidió meditar debajo de un árbol hasta que experimentara la comprensión última de las cosas de la vida. Y allí, a los treinta y cinco años conoció la Iluminación. Desde ese día, y durante cuarenta y cinco años, se consagró a hacer conocer la Vía que permite salir del sufrimiento.

Sin descanso, enseñó a todas las categorías de hombres y mujeres, cualesquiera fueran su condición social o su casta. Su predicación estaba abierta a todos, como lo sigue estando hoy en día...

Al ver que los miembros del jurado tomaban notas muy a menudo, Rahula se preguntó si ese conocimiento histórico de Buda era una contribución real o más bien un freno en la vía de la Iluminación.

Un texto fundacional: las cuatro Nobles Verdades

—Hay un texto fundacional, reconocido por todos los budistas, es el sermón de las *cuatro Nobles Verdades*. En esta predicación, Buda actúa como un buen médico. Plantea en principio la *comprobación* de la enfermedad —primera Verdad—, luego da un *diagnóstico*: es la segunda Verdad. Luego propone un *remedio* —tercera Verdad— y finalmente precisa la *aplicación* de ese remedio: es la cuarta Verdad. Voy a presentarles y comentar este texto célebre.

"«Ésta es, monjes, la Noble Verdad sobre *dukkha*.» Esa palabra puede traducirse por «sufrimiento» o «impermanencia frustrante». «El nacimiento es *dukkha*, la vejez es *dukkha*, la enfermedad es *dukkha*, la muerte es *dukkha*, estar unido a lo que no se ama es *dukkha*, estar separado de lo que se ama es *dukkha*, no tener lo que se desea es *dukkha*, en resumen, los cinco grupos de adhesión son *dukkha*.»

"Según Buda, todo en la vida —desde el nacimiento hasta la muerte, desde las uniones a las separaciones— puede convertirse en fuente de frustración. El sufrimiento está en todas partes: cuando estamos unidos a personas o a situaciones que no nos gustan o cuando nos vemos obligados a separarnos de seres u objetos que nos son queridos. La originalidad de la filosofía budista es considerar que cada «ser» o cada «yo» es una combinación de fuerzas físicas y mentales en perpetuo cambio. Esta combinación dinámica puede estar dividida en cinco grupos o agregados: la materia, las sensaciones, las percepciones, las formaciones mentales y la conciencia. Es muy importante comprender que para nosotros, los budistas, no hay espíritu permanente que pueda ser llamado «sí mismo» o «alma». Como un río de montaña que corre sin cesar o como los múltiples fotogramas unidos unos a otros que dan la ilusión de un filme, así es nuestro «ser». El «YO» al que los hombres y las mujeres consagran lo esencial de sus energías, para enriquecerlo y gratificarlo con un máximo de placeres, ese «YO», fuente de todas las adhesiones y las aversiones, no tiene identidad verdadera. Pero esto sólo lo saben los que meditan..."

El Rey no era el único desconcertado por el discurso del monje. Toda su educación así como toda la orientación de su reino estaban construidas en la valorización del "YO". La perspectiva del maestro budista, que todavía no entendía bien, le daba vértigo.

—Después de comprobar la universalidad del sufrimiento, viene el diagnóstico. "Ésta es, monjes, la Noble Verdad sobre la causa de *dukkha*. Es esta «sed» —o codicia— la que produce la reexistencia y el redevenir, que está unida a una avidez apasionada y que encuentra un goce aquí y allá, es decir, la sed de los placeres de los sentidos, la sed de la existencia y del devenir, y la sed de la no-existencia (autoaniquilación)."

"¿De dónde viene el sufrimiento? Buda es muy claro. Nace de la «sed» de apropiación, de posesión. Si los soldados de los que nos ha hablado el señor Tannier no hubieran sido presa de su codicia, no habrían agredido a esa desdichada familia. ¿De dónde nace esta «sed»? De la ignorancia, que equivocadamente hace creer que existe un «Sí mismo» y que las posesiones lo hacen feliz. Mientras el hombre es esclavo de adhesión y aversión, de una afirmación de sí mismo o de cualquier voluntad de aniquilamiento, entonces continúa transmigrando de una existencia a otra. Lo que importa es poner fin a esa «sed», y ésta es la tercera Noble Verdad: «Ésta, monjes, es la Noble Verdad sobre la cesación de *dukkha*. Es la cesación completa de esa 'sed', abandonarla, renunciar a ella, liberarse, separarse de ella".»

"La fuerza del budismo reside en la afirmación de que es posible una liberación del sufrimiento. ¿Cómo? Por extinción de la sed, por la cesación de cualquier forma de adhesión. Esta extinción de la codicia, del odio y de la ilusión, es precisamente el *Nirvana*. ¿Y cómo caracterizar el Nirvana? No se lo puede definir con conceptos, y como dice el *Lankavatara-Sutra*: «Los ignorantes se dejan encenagar por las palabras como un elefante en el barro». Sin embargo, se puede sugerir que el Nirvana es la Libertad, la Felicidad, lo Último no condicionado."

Varias personas de la sala ya no escuchaban al monje. Era demasiado abstracto para ellos. Rahula citó entonces al gran maestro tibetano Kalu Rinpoché:

—"El oro del Despertar está en el suelo de nuestro espíritu pero, si no lo cavamos, permanece oculto."

Parábola budista

Como quiso ponerse al nivel de su auditorio, el monje les dijo:

—Escuchen esta parábola. Un día, un samurai preguntó al maestro zen Hakuin: "¿Existe el infierno? ¿Y el paraíso? Y si existen, ¿dónde se encuentran sus puertas? ¿Y cómo se hace para entrar?". Ese samurai era un espíritu simple. No se complicaba con la filosofía y sólo quería saber cómo entrar en el cielo y evitar el infierno. Para responder, Hakuin adoptó un lenguaje al alcance del samurai. "¿Quién eres?", preguntó. "Yo soy un samurai", contestó el hombre. En el Japón, el samurai es un guerrero perfecto que no vacila un segundo en dar su vida cuando es necesario. "Soy el primero de los samurai —continuó orgulloso el visitante—. Hasta el emperador me respeta." "¿Tú eres un samurai? —se burló Hakuin—. Más bien pareces un miserable bribón." Herido en su amor propio, el samurai olvidó el motivo de su visita y desenvainó la espada. "Ésa es una puerta —dijo Hakuin sonriendo—. La espada, la cólera, la vanidad, el ego son puertas del infierno." El samurai comprendió la lección y volvió a envainar la espada. "Y ésa es otra puerta, la del paraíso...", comentó Hakuin.

El público rió feliz.

—El budismo —continuó Rahula—, como toda religión auténtica, no es una cuestión de doctrinas en las que se especula sobre cosas incognoscibles, sino un conjunto de prácticas que transforman a quien las aplica. Sacar su espada, en actos o en palabras, para agredir, para hacerse valer, para defender su vida, o enfundarla, soltar la presa, dejar de atacar, negándose a una afirmación del yo, ésa es la alternativa a la que cada uno de nosotros se ve confrontado en todo momento. ¿Cómo practicar entonces el remedio de Buda? Y para terminar llegamos a la cuarta Noble Verdad.

"«Ésta, monjes, es la Noble Verdad en el camino que conduce a la cesación de *dukkha*. Es el Noble Camino Óctuple, a saber: la vista justa, el pensamiento justo, la palabra justa, la acción justa, el medio de existencia justo, el esfuerzo justo, la atención justa, la concentración justa.» Los ocho elementos que favorecen la realización del Nirvana pueden ser reagrupados en tres órdenes: los que tienen que ver con la sabiduría —vista y pensamiento justos—, con la ética —palabra, acción y medio de existencia justos— y con la meditación —esfuerzo, atención y concentración justas.

"El conocimiento verdadero, el comportamiento correcto y la meditación adecuada son inseparables en la vida del budista. El *cono-*

cimiento verdadero consiste en comprender que ni el «sí mismo» ni los «fenómenos» son autónomos o eternos. Todo subsiste en interdependencia, todo es pues «impermanente», todo se hace y se deshace, todo está «vacío» de una existencia independiente y definitiva. «La naturaleza de cualquier fenómeno, de cualquier apariencia, es semejante al reflejo de la luna en el agua», enseñó Buda. Aferrarse a los elementos del mundo es tan vano como identificar la luna con su reflejo. El *comportamiento correcto* es abstenerse de la mentira, de cualquier palabra hiriente o vana, conducirse de manera honorable y pacífica y ejercer una profesión que no pueda dañar. En el budismo *mahayana* —el «Gran Vehículo», que no se contenta con una liberación individual sino que tiende a la felicidad de todos—, la compasión hacia todos los seres, ignorantes de su verdadera naturaleza vacía y esclavos de sus diferentes pulsiones, ha sido muy desarrollada. En cuanto a la *meditación adecuada*, consiste en una disciplina que calma los estados mentales perturbadores. Según las escuelas, los medios propuestos son muy variados. Para algunos, será la utilización de paradojas llamadas *koan*; para otros, una meditación sin objeto en posición sentada. Algunos colocan su confianza en un Buda exterior; otros finalmente interiorizan la energía de una divinidad de meditación. Poco importan las diferencias. Lo más importante es practicar con asiduidad la vía elegida.

"Un día, Milarepa, célebre budista tibetano, decidió transmitir su última enseñanza a su discípulo Gampopa. Era su «enseñanza más secreta», que sólo quería revelarle a él."

Ante la idea de escuchar tal enseñanza, el público retuvo el aliento.

—Milarepa —continuó Rahula— se aseguró mediante numerosas pruebas de que su discípulo estaba realmente preparado para esa enseñanza. Luego, sin avisar, Milarepa se volvió y, recogiendo su ropa, ¡le mostró... las nalgas! "¿Ves?" "Eh, sí", susurró Gampopa, molesto. "¿Has visto bien?", repitió el maestro. El discípulo no sabía muy bien qué tenía que ver. Milarepa tenía callos en las nalgas, que las convertían en medio carne, medio piedra. "Ves, así llegué al Despertar: sentado y meditando. Si, en tu vida, deseas llegar, ten la misma energía. Ésta es mi última enseñanza, a la que nada agregaré."

Volviéndose hacia el jurado, con mirada maliciosa, el monje Rahula dijo como conclusión:

—Señoras y señores, tal vez he sido demasiado extenso y complicado. Sabiamente sentados me han escuchado con mucha paciencia.

Aunque Milarepa, como además el mismo Buda, haya llegado a la Iluminación después de un largo período sentado, temo que, en lo que les concierne, cualquier palabra suplementaria por mi parte los lleve al sueño. Ahora bien, ¿hay algo peor que le pueda suceder a un monje budista que anuncia el Despertar que ver dormirse a aquellos y aquellas a los que se dirige? ¡Por lo tanto, me limitaré a esto!

Con un estallido de risa refrescante, el encuentro se suspendió para una pausa.

Confrontaciones

El primero en intervenir fue Alain Tannier:

—Como ateo, aprecié mucho todo lo que acaba de decir. Si estoy bien informado, el budismo es la única religión —pero, ¿es una religión?— que no se remite a un Dios o a una Revelación. No hay especulación ociosa sobre el más allá, sino invitación a descubrir la *interdependencia* o lo que otros han llamado la *relatividad* de todo. Pero hay una pregunta que me inquieta. Hace unos años tuve ocasión de visitar su país, Sri Lanka. A pesar de no ser creyente, fui a varios templos y en especial al de Kandy donde, según la tradición, se conserva un diente de Buda. En todas partes parecían rezar a Buda como si fuera un dios, y aun venerar su diente cuando él era el mensajero de la impermanencia. Por eso mi pregunta: ¿todo sería perecedero en el mundo... salvo el diente de Buda?

El monje Rahula sonrió:

—Muchos intelectuales budistas desprecian esta forma de religiosidad popular que usted acaba de describir. Hay tanta distancia entre esas prácticas y la enseñanza verdadera de Buda como entre el culto a los santos en algunos católicos y el mensaje de los Evangelios. ¿Hay que desterrar por completo estas prácticas? El budismo más bien trata de adaptarse a todas las mentalidades. Por eso la gran diversidad de prácticas que podemos encontrar en él. Es verdad que algunos rezan a Buda —o a *Bodhisattva*, es decir, un Ser de despertar que por compasión renuncia a vivir la liberación final para acudir en ayuda de los otros— como otros rezan a Krishna o a Cristo. Aunque los textos más antiguos del budismo no justifican esas plegarias, lo que importa es que cada ser progresa hacia el conocimiento justo y la experiencia del Nirvana.

¿Buda es?

El Rey, atormentado, intervino en la discusión:
—Oh, monje, todo lo que dices me perturba. Si fueras tan amable de responder mi pregunta, por favor. Si no hay "ser", ¿Buda es?
—Un día, el rey Milinda planteó una pregunta similar a Nagasena. Responderé como lo hizo ese monje. "Cuando arde un gran fuego, si una llama se apaga ¿podemos decir que está aquí o allá? No, seguramente, esa llama se ha terminado, ha desaparecido. De la misma manera no se puede designar al Bienaventurado como de aquí o de allá. Pero puede ser designado por el *Cuerpo de la Ley*, porque él enseñó la Ley."

"El Buda Sakyamuni, el personaje histórico del siglo VI antes de la era cristiana, tiene una «existencia». Para nosotros es como un gran fuego. En tanto tal, se puede hablar de él como de aquel que ha estado y ya no está. Pero por las enseñanzas que dejó después de su muerte, continúa subsistiendo en la Ley, el *dharma*, la doctrina que ha penetrado el Orden del mundo. Y aun de manera más fundamental, puede ser identificado con un estado de ánimo o con la verdadera naturaleza de cada ser, lo que nosotros llamamos la *budeidad*. Así, Buda no es un «ser», fuera de nosotros. Nuestra identidad verdadera es como la suya, impermanente y sin sí misma. De allí la palabra célebre del maestro Linji: «Adeptos de la Vía, si quieren llegar a la penetración del *Dharma* tal como es, no se dejen dominar por las concepciones erróneas de los otros. Lo que encuentren sea en el interior o en el exterior, mátenlo inmediatamente; cuando encuentren un Buda, maten al Buda... Así alcanzarán la emancipación. Si no se aferran a las cosas, las atravesarán libremente»."

"¿Por qué estas palabras sorprendentes? Como enseñó Taoxín, patriarca que es el origen de la tradición monástica zen: «Nada falta en ustedes y no son diferentes de Buda». Y el maestro Taoi ha hecho comprender muy bien: «Cada uno de nosotros debe concebir nítidamente que su espíritu es el espíritu de Buda... Los que buscan la Verdad toman conciencia de que no hay nada que buscar. No hay Buda, sino el espíritu; no hay más espíritu que Buda. Los que buscan la Vía nada deben buscar...»."

De la sala se alzó un ruido confuso. Era claro que la mayoría de los oyentes no estaba preparada para esa enseñanza.

Entonces alguien del jurado exclamó:
—Lo que dice es ilógico, sin pies ni cabeza. Hay que buscar sin

buscar... Todos somos Buda y no hay Buda... No comprendo nada de lo que habla. ¿Qué es, pues, el "espíritu"? Y si no existe, ¿quién le asegura eso?

Atento al desasosiego de quienes lo escuchaban, Rahula se puso de pie y les dijo:

—Síganme.

Y se encaminó hacia el inmenso jardín contiguo a la sala de justas. Se necesitó un cuarto de hora largo para que todos pudieran llegar. Y allí Rahula simplemente elevó los ojos al cielo y lo contempló. El infinito del espacio aspiraba las miradas...

Luego, con voz fuerte y serena, clamó, citando a Vasumitra, el séptimo patriarca indio:

> El espíritu se asemeja al cielo
> Y, para mostrarlo, se recurre al cielo
> Porque cuando se comprende qué es el cielo
> Ya nada es verdadero, ya nada es falso.

Y sin agregar nada más, el monje volvió a la sala.

¿Dios es?

Intervino entonces el jeque Alí ben Ahmed:

—Mis ojos carnales ya no ven. Ni siquiera el cielo. Pero creo captar lo que el monje Rahula quiso decirnos. Al igual que el cielo es como un Vacío infinito, lo mismo sucede con cualquier realidad. En el cielo, como en mis tinieblas, hay una luz que desgarra la oscuridad. Si, simbólicamente, el budismo es tal vez la religión del Cielo, los diferentes monoteísmos son entonces religiones del Sol. No es que Dios sea el sol —es infinitamente más grande que cualquier ser creado— ni que habite en el cielo. Nosotros, los musulmanes, en efecto, nos negamos a considerar que Aquel que contiene los cielos pueda "estar en los cielos", como rezan los cristianos. Pero Dios, el Único, es el Señor de los Mundos que "saca de las tinieblas hacia la luz" (Corán 2, 257). Alá es la luz de los cielos y de la tierra (24, 35) y subsiste eternamente (20, 73). Mientras que para ustedes, los budistas, nada es imperecedero. Esa religión, a los ojos de muchos musulmanes, sigue siendo una grave ofensa a la inmutabilidad de Dios. Pero dígame, ¿para usted, Dios existe sí o no?

La misma formulación de la pregunta era inconveniente según Rahula. La lógica del "sí o no" le parecía totalmente inapropiada para los temas metafísicos. De manera muy cortés, contestó:

—El Buda Sakyamuni guardó silencio sobre este tema como sobre muchos otros. ¿El universo es eterno o no? ¿Finito o infinito? ¿El alma difiere del cuerpo? ¿Qué existe después de la muerte? Según Buda, lo que importa es la liberación del sufrimiento. Al igual que un hombre herido por una flecha que, en principio, no tiene necesidad de conocer quién la ha lanzado, de dónde ha venido y cómo fue tirada, sino más bien de liberarse de lo que lo hiere, también los humanos tienen necesidad de una Vía que los libere de la angustia y del dolor. Y no de respuestas a problemas sin solución.

—Pero Dios no es un problema sin solución ya que se ha revelado como el Señor imperecedero del universo —continuó el jeque.

—Hay dos tipos de budistas —prosiguió el maestro Rahula—. Los que consideran que lo que usted llama "Dios" es un fenómeno como los otros, es decir, sin realidad absoluta, y aquellos que lo identifican con la Verdad última que es el Nirvana, el Más Allá de cualquier impermanencia y de cualquier sufrimiento.

La compasión por lo humano

El rabino Halévy expresó entonces su punto de vista:
—El silencio de Buda sobre los problemas últimos lo honra. En el Talmud está escrito: "El mejor de los medicamentos es el silencio" (Meguilá, 18a). Las charlas metafísicas no cambian el mundo. Y lo que dice sobre la impermanencia, también nosotros lo podemos comprender. En nuestras Escrituras, el gran sabio Salomón afirmó: "Soplo de los soplos, todo es soplo" (Qoheleth 1, 2). Y el profeta Isaías declaró que el hombre no es sino un soplo (Isaías 2, 22). La experiencia humana es la de la fragilidad y la futilidad. Lo humano por sí mismo y para sí mismo no tiene consistencia. Respecto del orgulloso, Dios dijo: "Yo y él no podemos existir en el mundo" (Talmud, Sota 5a). Por lo tanto el que vive mal no puede subsistir. Para nosotros, los judíos, el ser humano, hombre y mujer, fue creado a imagen de Dios (Génesis 1, 26). Impermanente por sí mismo, es noble por Él, que lo ha creado. El budismo, por su doctrina del *atman*, de la ausencia de Sí mismo, ¿no corre el riesgo de menospreciar el valor del hombre, por no hablar del de la mujer? Creo saber que a Buda le fue muy difícil

aceptar la creación de monasterios de monjas, y hasta que habría afirmado que su aceptación en la comunidad de los budistas disminuiría su longevidad a la mitad.

El maestro Rahula apreció el valor de la intervención del rabino.

—Toda religión puede degenerar y ser practicada de manera errónea. Es verdad que nuestras comunidades budistas han estado dominadas por hombres. Y como dijo el Dalai Lama, tendrían que producirse revisiones importantes relativas al status de la mujer en el budismo. En cuanto al desprecio de lo humano, hay situaciones que desgraciadamente delatan una impasibilidad inadmisible. La compasión hacia todos los seres, sin embargo, está presente en la enseñanza de Buda y fue ampliamente desarrollada por la corriente mahayanista. Esto es lo que dijo el célebre monje Shantideva, llamado Bhusuku, el "hombre de las tres preocupaciones", porque exteriormente parecía preocuparse sólo por comer, dormir y pasear...

El Bufón, que desde hacía un momento ya sentía el tirón del hambre y se preguntaba cómo podría dejar subrepticiamente la sala para ir a recuperarse, fue como despertado por el monje.

—¡Pero si ésa es toda mi filosofía! —exclamó saltando como un payaso.

Rahula se sorprendió, pero la sonrisa del Sabio lo invitó a continuar.

—"¡Pueda ser yo para los enfermos el remedio, el médico y el enfermero hasta la desaparición de las enfermedades! Pueda calmar con lluvia de alimentos y bebidas los dolores del hambre y de la sed, y durante las hambrunas, pueda convertirme yo mismo en alimento y bebida. Pueda ser un inagotable tesoro para el pobre y el desprovisto; pueda convertirme en todos esos dones que necesitan, y puedan esas cosas encontrarse a su disposición. Entrego este cuerpo al placer de todos; que lo usen sin cesar según su conveniencia, matándolo, injuriándolo o golpeándolo. Que los que me insultan, me perjudican o me hacen burlas tengan todos la fortuna de acceder al Despertar."

La belleza del texto encantó a la asamblea. Que pudiera pensarse en semejante compasión les parecía simplemente prodigioso... ¡o loco!

El doctor Clément, como los demás, se conmovió con la enseñanza de Shantideva.

—Quiero expresar cómo, en tanto que cristiano, el budismo me emociona y me interpela. Como en lo que acabamos de escuchar, hay una historia que cuenta una de las pretendidas vidas anteriores de Buda y que está marcada por un amor casi evangélico...

Alain Tannier se estremeció. Había esperado el momento en que el cristiano iba a recuperar el budismo como lo había hecho con el ateísmo. Tuvo que esperar muy poco. "¿Por qué hablar de «amor casi evangélico» —se dijo a sí mismo—, en lugar de decir simplemente «amor» o «solidaridad humana»?"

—Esta historia —continuó Christian Clément— es la de Buda que, viendo a una tigresa hambrienta incapaz de alimentar a sus cuatro cachorros, se ofreció él mismo como alimento para que, regenerada por su cuerpo y su sangre, pudiera amamantarlos. La compasión budista no deja de tener analogías con el amor de Cristo, que se ofrece por nosotros...

Por suerte para el profesor Tannier, la intervención de Christian Clément continuó de manera más diferenciada.

—Hay no obstante una diferencia de magnitud, me parece. Para ustedes, los budistas, la compasión es inseparable de la doctrina de la vacuidad, mientras que para nosotros, los cristianos, el amor humano está unido al amor divino hacia toda su creación. "Amemos, pues, a Dios, porque Dios nos amó el primero", declaró Juan en su primera epístola (4, 19). Los budistas sienten compasión porque los otros ignoran la naturaleza última de las cosas, porque sufren a causa de sus deseos. No son amables por sí mismos o por Dios, sino porque en su desconocimiento del *Vacío*, de la impermanencia de los fenómenos y de su "sí", sufren.

"Veo también otra diferencia importante entre su posición y la mía. Si lo he comprendido bien, en la concepción budista del mundo, «todo lo relativo es vacío». Ahora bien, en la concepción cristiana, es por amor al mundo relativo que «el Absoluto se ha vaciado». Dios Hijo se despojó de su grandeza tomando forma en el hombre Jesús, el servidor."

El rabino, en profundo desacuerdo con ese dogma de la Encarnación, trató de expresarlo con una sonrisa de desaprobación. Mientras se volvía hacia el jeque, su mirada se cruzó con la de Amina, que enseguida bajó la suya...

Rahula no tenía deseos de abrir un debate estéril.

—Buda dijo: "Así como una madre aun con riesgo de su vida vigila y protege a su único hijo, así con espíritu sin límites debemos amar todas las cosas vivientes, amar el mundo todo entero, por arriba, por abajo y alrededor, sin limitación, con una bondad benevolente e infinita" (Suttanipata, i, 8). Por cierto que hay diferencias de doctrina entre nosotros, pero acaso lo principal ¿no es amar?

—Por supuesto —asintió Christian Clément—. Y también dejarse amar.

Atman o *anatman* ("sí mismo" o "no sí mismo"), ésa es la cuestión

El swami Krishnananda todavía no se había manifestado. Todas las miradas se volvieron hacia él. Como seguía callado, el Sabio le dirigió directamente la palabra.
—¿Tendría algo que agregar? —le preguntó.
El swami salió de su silencio:
—Buda, como yo, era indio. Todo su contexto religioso era el de los filósofos religiosos de los Veda y de la literatura de los brahmanes, sacerdotes de la casta más alta. Con razón, por cierto, quiso reformarlos en profundidad. Pero nada se comprende del budismo si no se conoce ese marco histórico. En el pasado, hubo tensiones muy fuertes entre hindúes y budistas, hasta el punto que durante siglos, poco después de Shantideva, la enseñanza del budismo en la India prácticamente desapareció. Pero deben saber que, según una de las tradiciones del hinduismo, Visnú se encarnó no sólo en Rama y en Krishna, sino también en Buda. Para nosotros es un *avatara*, es decir, un "descenso" de la Conciencia divina a la tierra.

"Cuando un budista dice «No hay Sí mismo», los hindúes lo interpretamos de la manera siguiente: todo lo que vemos con nuestros sentidos físicos es impermanente porque la Realidad última siempre está más allá. En otros términos, decimos: «Esto —lo que es percibido y representado— no es el Sí mismo». Sin embargo, el *atman* indescriptible, el Sí mismo inmortal del hombre existe. En nuestra comprensión y en nuestra práctica se lo identifica con *brahman*, el Absoluto inmutable y eterno."

Rahula sabía que la capacidad de escuchar del público había sido ampliamente superada. Por tanto, permaneció en silencio.

Cuando el Sabio le dio la palabra a alguien del público, una mujer de cierta edad empezó una pequeña predicación que el moderador supo limitar con dignidad.

Es necesario que todas las religiones se den la mano, afirmó ella con mucha convicción. ¿Qué importa si se es budista o hindú, judío, cristiano o musulmán? En todas partes se expresa el mismo Dios de amor. ¿Por qué hablar de diferencias cuando hay tantas similitudes? Es la razón la que separa y aísla, mientras que la intuición unifica y armoniza. Buda, Jesús, Moisés, Mahoma o Krishna, qué importa el mensajero ya que el mensaje es el mismo...

Un miembro del jurado intervino con suavidad y firmeza:

La exposición del budista

—Señora, su aspiración a la unidad es muy loable. Sin embargo, debe saber que muchas sectas y nuevos movimientos religiosos han nacido, precisamente, de la voluntad de superar las divisiones entre confesiones o religiones. Pero como su criterio de unidad es demasiado estrecho y no respeta las reales diferencias entre las tradiciones, se convierte en fuente de una división suplementaria y sólo reúne a los que se adhieren al promotor de esa nueva enseñanza. Así nacieron la Iglesia neoapostólica, la Iglesia de Jesucristo de los Santos de los Últimos Días —llamados habitualmente mormones— o las comunidades de Moon, Mandarom, Sathya Sai Baba o de los bahais. Unir, sí, pero no a cualquier precio. Se trata nada menos que de la exigencia de la Verdad.

Este conocimiento de las "sectas" y de los "nuevos movimientos religiosos" por un miembro del jurado asombró al público y al mismo tiempo lo tranquilizó. En efecto, era de buen augurio para el valor del juicio que tendría que emitir al final de las justas.

Entonces, el Sabio, fatigado, dijo:

—¿Alguien más del jurado considera imprescindible intervenir?

Su tono era más bien desalentador. A pesar de lo cual, una mujer de mirada despierta se animó a preguntar:

—En una frase, ¿cómo resumiría el maestro Rahula todos sus planteos tan apasionantes?

El monje respondió casi espontáneamente:

—Budagosha, el maestro indio, dijo: "Sólo el sufrimiento existe, pero no se encuentra a ningún sufriente".

Nadie, excepto el swami, percibió la ironía de esta cita. Budagosha, en efecto, nacido en una familia de brahmanes, se había convertido al budismo. Con estas palabras, Rahula le quiso señalar al swami que no dejaría que lo recuperara para su sistema sin resistencia. Siglos de ásperos debates no se borran en un día. El swami respondió al "ataque" del budista con una amplia sonrisa. Y tanto más amplia por cuanto sería él quien tomaría la palabra después de la comida.

Carta con amenazas

Todos se dirigieron con paso rápido a la gran tienda especialmente instalada para las comidas. La velocidad de sus desplazamientos revelaba la intensidad de su hambre. La exposición de la mañana no sólo había aumentado su apetito de conocimientos, sino también el de alimentos terrestres. Como para compensar lo que a los ojos de muchos parecían abstracciones difíciles de captar.

—Tal vez el sufriente no existe, pero mi barriga sí —exclamó el Bufón.

Prisionero de su imagen de payaso, no se atrevía a confesar que el "hombre de las tres preocupaciones", cuyo nombre ya no recordaba, lo había fascinado. ¿No era acaso su sueño más secreto parecer superficial y, sin embargo, ser extraordinariamente profundo? El budista le había hecho descubrir su propio ideal: llegar a expresar con los gestos más triviales un mensaje de gran intensidad.

Antes de comer, varios dijeron una oración, recitaron una bendición o guardaron un momento de silencio. Era hermoso observar la convivencia. Hasta el Rey quiso comer con sus "deportistas" y sus espectadores. Esta proximidad era una fuente suplementaria de fascinación. Alrededor de las mesas, las etiquetas religiosas habían perdido su importancia.

Sin embargo, a la hora del postre, un grito de estupefacción heló una mesa y a su entorno. Al percibir la agitación, el Sabio fue hacia el lugar en el que se concentraban todas las miradas. Y vio entonces al jeque Alí ben Ahmed profundamente perturbado y conteniendo con dificultad una violenta cólera. A su lado, Amina estaba como derrumbada. Le entregó al Sabio una carta que habían ocultado debajo de su plato. Como no comprendía la lengua, pidió que se la tradujeran. Después, cambiando de parecer por si hubiera oídos indiscretos, les pidió que lo acompañaran a una habitación apartada. Bajo la tienda, ya empezaban a circular los rumores.

Informados de los acontecimientos, el Rey y el Bufón se unieron al Sabio. Amina, sentada, ya no lograba contener las lágrimas. Su padre la sostenía con afecto y determinación.

—¿Qué pasa? —preguntó el Rey.

—Majestad, Amina, la hija del jeque, ha recibido esta carta anónima escrita en árabe.

Con la ayuda de un traductor, conocieron su contenido:

> ¡Hija indigna del islam! Alá dijo al Profeta —que la paz y la bendición sean con él—: "Di a los creyentes que bajen sus miradas, que sean castos, que sólo muestren el exterior de sus adornos, que bajen sus velos sobre sus pechos... Oh, ustedes los creyentes, vuelvan todos a Dios. Tal vez sean más felices".
> Pero tú no ocultas completamente tus cabellos. Y tus trajes no

La exposición del budista

cubren todos tus miembros. Si continúas revelando a los hombres de manera impúdica la belleza de tu cuerpo, lo lamentarás el resto de tu vida.

—Pero ¿quién puede tener interés en atacarte y perturbar mi torneo? —preguntó el rey muy inquieto.

Con mucha tristeza en la voz, el jeque declaró:

—A causa de mis posiciones, he recibido a menudo cartas amenazadoras de extremistas que usurpan el nombre de "musulmanes". Pero es la primera vez que se dirigen a mi hija. Quieren intimidarnos, pero nosotros no permitiremos que lo hagan.

El Sabio recordó el escándalo que se había producido al comienzo de las justas:

—¿Recuerdan a ese barbudo que en nombre de Alá se manifestó en contra de Alain Tannier? ¿Y si fuera otra vez él?

De inmediato, la policía del reino salió en su busca. Se decidió que Amina no participara en el encuentro de la tarde y que se quedara vigilada en un lugar secreto. En cuanto al jeque Alí ben Ahmed, no quiso faltar a la sesión ni, sobre todo, dejarse impresionar por las opiniones de un fanático. Como si nada hubiera sucedido, pero protegido por guardias de paisano, se unió a los otros participantes en la gran sala del claustro.

LA EXPOSICIÓN DEL HINDÚ

El programa de la tarde empezó con retraso. Todos los que entraron en la sala de justas fueron registrados. El Rey quería garantizar la máxima seguridad y temblaba ante la perspectiva de que "su" torneo fuera perturbado por actos de violencia. Interiormente se preguntó si había hecho bien en convocar esos "JO". Nunca hubiera imaginado que esas justas oratorias pudieran provocar tanta agresividad. Pero ahora que todos los concursantes estaban otra vez reunidos, había que llegar hasta el final. Su reputación y la capacidad de organización de su reino estaban en juego.

—Señoras y señores —empezó el Sabio—, como con seguridad saben, una de las delegaciones ha recibido una carta amenazadora. Esto es inadmisible. Estamos aquí para descubrir con espíritu abierto en qué consiste la experiencia religiosa auténtica y nos vemos enfrentados a la peor violencia que pueda existir, aquella que se ejerce en nombre de Dios, y además de manera anónima. Este fanatismo y esta falta de valor son desoladores. Sin embargo, queremos continuar nuestras justas y no dejarnos intimidar por la barbarie de algunos. Por tanto, doy la palabra al swami Krishnananda, delegado del hinduismo.

El joven se puso en pie. Como los otros concursantes, tenía menos de cuarenta años. En realidad, era el más joven de todos y esa juventud se hacía particularmente visible. Nacido en Tiruchuli, en el sur de la India, había sido marcado, como toda su generación, por Ramana Maharshi, quien había meditado durante cincuenta y tres años en el monte mítico de Arunachala. Pero contrariamente al santo hombre, Krishnananda había viajado mucho por la India desde muy joven. Su viva inteligencia y su extraordinaria concentración en la meditación lo habían hecho célebre. Algunos habían incluso sugerido que Sankara, maestro supremo del Advaita Vedanta —uno de los sistemas hindúes más prestigiosos— se había reencarnado en el swami.

Al igual que Rahula, se puso en la posición de meditar al lado de la fuente; pero se colocó voluntariamente al otro lado del surtidor de agua. Después, con extraordinaria cualidad de presencia, pronunció el *mantra* "OM", la sílaba más sagrada de la India. Las vibraciones emitidas impactaron a los presentes con una profundidad insospechada.

La parábola de los dos pájaros

Después de un minuto de silencio, les contó la parábola siguiente:
—En un árbol se encuentran dos pájaros. Uno en la cima, el otro en las ramas inferiores. El que permanece en lo alto es calmo, majestuoso. El pájaro de abajo, por el contrario, está agitado. Salta de una rama a otra, picotea los frutos, a veces dulces, a veces amargos. Cuando prueba un fruto particularmente desagradable, levanta la cabeza. ¿Y qué ve en la cima? Al pájaro radiante. Aspirando a parecérsele, se acerca a él. Después lo olvida y vuelve a comer frutos dulces y amargos. Cuando un sufrimiento más intenso lo domina, levanta los ojos y contempla de nuevo al pájaro imperturbable, más allá de las alegrías y de las penas. Y así continúa la escalada hasta que el pájaro inferior se acerca al que resplandece. Muy cerca de él descubre que su propio plumaje se ha transformado y brilla. Cuanto más trepa, más siente que su cuerpo se desvanece y se funde en la luz. Entonces, de pronto, comprende lo que ha pasado. El pájaro inferior no era diferente del pájaro superior. Era como su sombra, un reflejo de lo Real. Su error había sido no reconocer que en todo momento la esencia del pájaro superior era la suya.

Después de una pausa, el swami agregó:
—El pájaro supremo es Brahma, Dios más allá de todas las dualidades y sin embargo presente en ellas. El pájaro inferior es el alma humana, sujeta a las fluctuaciones terrestres de las alegrías y de las penas, de las experiencias agradables y de las desagradables, de las alabanzas y de las amenazas.

Con gran solicitud, Krishnananda posó su mirada en Alí ben Ahmed.
—Cuanto más se aproxima el alma humana a su identidad verdadera, más libre está de los conflictos pasajeros de este mundo y más entra en la beatitud indescriptible de Dios.

Volviéndose hacia los jurados les dijo:

—Esta parábola de Vivekananda resume varias enseñanzas esenciales de lo que ustedes llaman el hinduismo, y que nosotros denominamos Sanatana Dharma, la Religión eterna o el Orden permanente de las cosas. "¿Qué queda de mí después de la muerte?", "¿Quién soy?"... Éstas son algunas de las preguntas fundamentales que cada uno debe plantearse. Según nosotros, los hindúes, el sí mismo verdadero no es el cuerpo ni la conciencia. Oculto en cada uno, es el Más Allá de todos los condicionamientos y no está separado de Dios. La experiencia religiosa es el descubrimiento en todo ser del Ser que está más allá de todo. Es un camino que permite abandonar la circunferencia de la vida para acercarse al Centro. Pensamos que el hombre no viaja del error hacia la verdad, sino de una verdad inferior a una verdad superior. Por eso todas las religiones tienen su valor, porque todas —desde el fetichismo más sumario hasta el misticismo más elaborado— buscan *realizar* el Infinito.

Fundamento del hinduismo

El swami cerró los ojos y respiró profundamente.
—En el hinduismo, no hay un fundador como en otras religiones. Como un árbol de múltiples ramas, cuyas raíces se hunden en la misma tierra, numerosos místicos han transmitido su experiencia de lo Real. Desde los primeros textos védicos —que datan de hace más de tres mil años— a los escritos contemporáneos de nuestros sabios, pasando por las grandes epopeyas que son el *Mahabharata* —entre ellos el *Bhagavad-Gita*— y el *Ramayana*, así como por los relatos antiguos de los *Purana* y las recopilaciones de leyes llamadas *Dharma-Shastra*, se dibuja un único movimiento. Es el que va de lo expresado a lo Inexpresable, de la multiplicidad a la Unidad, de lo transitorio a lo Inmortal, de los condicionamientos a la Libertad. Las innumerables divinidades que veneran los hindúes no son sino los nombres plurales de una misma Realidad última. Brahma, Siva y Visnu, con sus esposas Saravasti, Sakti y Laksmi, representan la complementariedad de lo masculino y lo femenino en el Absoluto. Simbolizan también las fuerzas que actúan en el universo: creación, destrucción y preservación, o aun inspiración, energía y abundancia. Miles de otras divinidades animan nuestro panteón. Desde el muy popular Ganesa con cabeza de elefante, invocado para eliminar obstáculos, a la diosa Ganga, que dio su nombre al río Ganges en el que los hindúes gustan purificarse, esas divinidades inspiran nuestros mitos y nuestros ritos. Equivocadamente

algunos consideran que nosotros adoramos ídolos. Pero así como la luz es una, el prisma de los colores es múltiple.

El swami observó discretamente al jeque para ver su reacción. En efecto, durante siglos, los invasores musulmanes habían saqueado los espléndidos templos hindúes en nombre de Alá, al que ninguna imagen debe representar. Pero el musulmán permaneció imperturbable.

—No somos politeístas. A lo sumo se nos puede calificar de *monopoliteístas*. Fundamentalmente, sabemos que la Realidad suprema es Una.

"En uno de los himnos védicos más célebres —el Rig Veda 10,129— se canta: «Entonces no había ser, ni tampoco no-ser. [...] Ni la muerte ni la no-muerte existían. Nada en la nada distinguía la noche del día. Sin aire, el Uno respiraba originando su propio movimiento. Nada más existía»."

Al recitar ese texto, el swami, una vez más, cerró sus ojos y se recogió en sí mismo. Después prosiguió:

—El *Isa Upanisad*, uno de los *Upanisad* más conocidos y más cercanos al corazón de los hindúes, dice: "Este universo entero debe estar impregnado por un Señor; cualquier cosa que se mueve en este mundo en movimiento [...] Sin moverse, Uno —más rápido que el pensamiento—, los dioses no podían alcanzarlo mientras Ello corría adelante de ellos [...] Ello se mueve, Ello no se mueve; Ello está lejos aunque Ello está cerca; Ello está dentro del universo entero, y no obstante Ello está sin él". La Divinidad suprema reviste así las máscaras de los dioses y de los humanos, de los animales y de los ríos, de las montañas y de las danzas. Puede ser experimentada en todo y por todas partes...

Del discurso del swami se desprendía un sentimiento de plenitud. Algunos, sin embargo, lo escucharon con un confuso sentimiento de opresión. Como si la mirada extraordinariamente globalizadora del hindú no les permitiera respirar a su ritmo.

—Brahma —continuó el maestro hindú— es el uno del campesino ruso del que habló el doctor Clément. Ahora bien, el uno es percibido en el dos, en el tres, en el cuatro y en las cifras infinitas. Es el Fundamento que sostiene y habita el Todo.

Sin poder contenerse más, el Bufón abandonó su asiento y se dirigió hacia Krishnananda exclamando:

—¡Brahma está en todas partes!
Está en mí, está en ti, está en todo.

> ¡Brahma está en todas partes!
> En la tierra, en mis versos, en los gusanos.
> ¡Brahma está en todas partes!
> En mi cabeza, en mi corazón y en mi mano.

Y sin previo aviso, abofeteó ruidosamente al swami. Aprovechando la consternación general, el Bufón exclamó indignado:

—¿Qué son todas estas tonterías? Brahma... en todas partes... ¿También lo ve en las bofetadas y en las cartas de amenazas? ¿En las violaciones y en los niños torturados?

El Sabio conminó al Bufón a que se calmara y regresara a su sitio, de lo contrario se vería obligado a hacerle abandonar la sala.

Sufrimiento y liberación

Todos aguardaban la reacción del hindú.

—¿Conocen a Tukaram? Este joven, a los quince años, perdió a su padre y, poco después, a su madre. Al poco se casó con Rakumabai, que lo consoló de su pena. Tras unos pocos años de relativa felicidad, empezó un período de hambrunas. No había cereales para nadie. Ante sus propios ojos, su mujer bienamada se debilitó y murió. Después le tocó el turno a su primogénito, el pequeño Chantu, que se reencontró con su madre en la pira funeraria... Los hindúes conocen la realidad de los sufrimientos. No sólo en esta vida, sino en todas las que la han precedido. Según una tradición, entre dos reencarnaciones en un cuerpo humano hay 8.400.000 nacimientos en realidades no humanas, sean vegetales, animales o de otro tipo. Escuchen el lamento lanzado por Tukaram en uno de sus "salmos".

> ¡Cuántos sufrimientos durante el ciclo de mis vidas!
> Antes de ser feto en el vientre de mi madre,
> ocho millones cuatrocientas mil veces
> salí por la puerta de la matriz;
> y heme aquí destituido, mendigo.
> [...] ¿Quién llevará mis desdichas?
> ¿Quién hará suya mi pesada carga?
> Tu nombre es el barquero en el río del mundo,
> corres en ayuda de quien la invoca.
> Ya es tiempo de que vengas a mí corriendo,
> yo soy, oh Narayana —Dios en el hombre—,

un pobre en la necesidad.
No mires mis defectos;
Tuka mendiga tu piedad.

"En el corazón de su inmenso dolor, Tukaram hará la experiencia de la liberación ofrecida por Viththal, uno de los nombres de Visnu.

Cantemos en nuestros cantos a Viththal,
coloquemos en nuestros pensamientos a Viththal.
[...] Amigo de los sin amigos,
río de gracia,
quiebra nuestros obstáculos y nuestra muerte.
Al suplicante prosternado
otorga liberación
habita entre los santos.

"Creo que todos han oído hablar del *Bhagavad-Gita*, el libro más célebre de nuestra tradición. ¿Saben que su contexto es el de una guerra fratricida espantosa cuyas dimensiones son inimaginables? Y fue precisamente en ese conflicto tan cruel cuando Krishna reveló el camino de la liberación.

"Si nosotros, los hindúes, hablamos tanto de *moksa*, de la liberación, es porque conocemos íntimamente los sufrimientos ligados a los ciclos de la reencarnación. ¿Por qué algunos nacen mendigos y otros hijos de rey? ¿Por qué algunos son explotadores y otros explotados? Las respuestas que da el hinduismo son la ley del *karma*, de la causalidad universal, y la del *samsara*, del discurrir de las existencias. Todo pensamiento, toda palabra o todo acto genera frutos o consecuencias. Un acto bienhechor tendrá incidencias positivas y un acto maléfico incidencias negativas. La vida de cualquier humano depende de su *karma* pasado. Del que se realiza en el presente —el *Prarabdha-karma*— y del que todavía no ha producido un efecto —el *Sanchita-karma*—, que se remite a las vidas futuras. Con las acciones realizadas en esta vida —el *Agami-karma*—, cualquier humano puede influir en su propio futuro. Por lo tanto no es indiferente que nuestra mano golpee o acaricie. En un futuro próximo o en una vida por llegar, ustedes sufrirán sus consecuencias o recogerán sus frutos."

Aun sin haber comprendido toda la explicación del swami, el Bufón empezaba a lamentar su gesto.

—El *samsara* señala la corriente sin comienzo ni fin de las existencias. Mientras el ser humano no haya descubierto su verdadera identidad, es decir, su unidad con Brahma, sigue sufriendo el drama de la reencarnación. El hinduismo propone varios medios para vivir la liberación; son los diferentes *yogas*. Los occidentales conocen sobre todo el *hata yoga*, que propone posturas físicas apropiadas. Pero, más fundamentalmente, existe el *karma yoga*, que consiste en actuar de manera desinteresada; el *raja yoga*, tan bien descrito por Patanjali en su *Yoga sutra*, que consiste en profundizar en la concentración y la meditación; el *jnana yoga*, que lleva a lo Último por el conocimiento y el análisis intelectual, y finalmente el *bhakti yoga*, que a través del amor abre a la Realidad absoluta. Este mundo está lleno de violencias e ilusiones. Sólo lo Real verdadero es felicidad y plenitud. Ahora bien, según las enseñanzas de los sabios, lo Real está presente en lo irreal y es posible que se revele a quien lo busque.

Krishnananda calló. Con la espalda bien recta, meditó algunos instantes murmurando la palabra sagrada "OM" y el deseo de paz "Santi".

La detención

A la entrada de la sala había un guardia inquieto. Dudaba en quebrar o no el profundo silencio de la asamblea, pero finalmente se decidió a hacer llegar al moderador una nota que le habían pasado.

El Sabio la leyó y su rostro se animó con una gran sonrisa de satisfacción:

—Señoras y señores, tengo la alegría de anunciarles que el perturbador de nuestro encuentro ha sido detenido. Nuestra policía lo encontró en su cuarto del hotel con un arma de fuego que en vano intentó ocultar. Este joven, el mismo que había perturbado la inauguración de este torneo, es un musulmán extremista. En su equipaje hemos encontrado una obra de un tal al-Maghili sobre el *yihad*, la guerra santa, creo. Pero aquí la guerra ha terminado.

El imán Alí ben Ahmed estaba a la vez aliviado y dolido. Aliviado por la idea de que su hija ya no estaría amenazada, y dolido porque, una vez más, el islam verdadero era traicionado por un extremista. Sabía bien que al-Maghili consideraba que el *yihad* era más urgente contra los hermanos comprometidos con "falsas" doctrinas que contra los paganos. Habían apuntado a él más que a su hija. El jeque tenía deseos de explicarle a la asamblea qué era realmente el *yihad* según el islam y que la aplastante mayoría de los musulmanes se sentía asqueada por la violencia que se cometía en nombre de Alá. Pero, por consideración hacia el hindú, decidió esperar su turno.

Confrontaciones

—El debate con el swami puede continuar, *en paz* —afirmó en tono victorioso el Sabio—. ¿Quién desea tomar la palabra?

Una vez más, el primero en intervenir fue el profesor Tannier:

—Como filósofo hubiera deseado escucharle presentar las seis escuelas de la filosofía hindú, que llaman Darshana, creo. Una de ellas, el *Samkya*, me han dicho, es incluso atea... Pero comprendo que no es útil entrar en abstracciones excesivas. Le haré una pregunta muy práctica. Usted parece decir que Brahma es omnipresente. De ser así, ¿cómo puede justificar el hinduismo un sistema social tan injusto como el sistema de castas? ¿Cómo es que algunos "gurús", si lo Absoluto se encuentra en todos, pueden tener tanta influencia en sus discípulos, hasta el punto de que a veces abusen de ellos sexualmente?

—Los fundamentos de la sociedad hindú están fijados en el *Manú-Samhita*, el *Libro de las Leyes de Manú*, entre otras obras. En efecto, aquélla ha sido estructurada en cuatro *varnas* o castas. En el *Rig Veda* se encuentra un himno célebre, que muchos hindúes recitan a diario, donde se dice a propósito de Purusa, el Hombre primordial del que nació la humanidad:

> El sacerdote fue su boca,
> sus brazos se convirtieron en el guerrero,
> sus muslos fueron los labradores,
> de sus pies nacieron los sirvientes
> (Rig Veda 10, 90).

"Los *brahmanes* son los sacerdotes, los filósofos, los eruditos y los jefes religiosos; los *ksatriya*, la casta de los guerreros y jefes políticos; los *vaisya* son los comerciantes y los campesinos, y los *sudra*, los obreros y servidores. Estas cuatro grandes «coloraciones», o castas, están subdivididas en múltiples *jati*, o categorías, en función de los nacimientos y de las profesiones. Fuera de este sistema, no hay que olvidar a los *parias*, o «intocables», a los que Ghandi llamó afectuosamente *harijans*, los hijos de Dios —ellos prefieren llamarse *dalits*, es decir, hombres quebrados—. Entre los novecientos millones de indios, ciento treinta lo son. En su origen, el sistema de castas tenía por objeto eliminar las rivalidades entre categorías sociales. Cada uno, en su lugar, podía contribuir al bien de la sociedad y realizar su vocación específica. Desgraciadamente, el sistema se ha endurecido y los actos del poder han podido provocar numerosas opresiones. Aunque el gobierno indio trata de abolir este sistema, sigue arraigado en las mentalidades.

"Sepan, sin embargo, que para un hombre verdaderamente religioso esta organización jerárquica no tiene ninguna importancia. Al igual que los ritos, por otra parte. Nuestro gran maestro Sankara ha dicho: «Las castas, las observancias, los deberes vinculados al sistema de castas y a las diferentes fases de la existencia no están hechos para mí, ni la concentración de espíritu, la meditación o el yoga. La sobreimposición del yo y del mío establecida sobre el no-ser ha sido abolida. Lo que queda, es Uno, Siva, el Liberado, Yo lo soy»."

Gurús y canguros

—¿Y los gurús?
—También entre ellos hay abusos. Un gurú es toda persona cuya enseñanza tenga "peso". La tradición hindú distingue cuatro niveles de gurús: los padres, los maestros profanos, el maestro espiritual y el Gurú cósmico, hacia el que lleva el gurú espiritual. El papel del maestro es ayudar a descubrir cuál es la buena vía espiritual, pero no ayudarnos a recorrerla... y mucho menos enriquecerse a nuestra costa...

El Bufón se volvió hacia el Sabio y le susurró al oído:
—¿Sabes cuál es la diferencia entre un gran gurú malvado y un amable canguro? Ninguna. ¡A los dos les gusta embolsar!

—En última instancia —continuó Krishnananda—, no hay diferencia entre un gurú y un discípulo. Sankara dijo: "Ni maestro ni enseñanza ni discípulo ni estudio ni tú ni yo ni este universo. La conciencia de la naturaleza real del Ser no admite diferenciación. Lo que queda, es Uno, Siva, el Liberado, Yo lo soy".

Rahula pidió la palabra.

El swami hindú, al igual que el monje budista, sintió que dos mil quinientos años de historia pesaban en sus intercambios. Durante siglos, hasta las dominaciones musulmana y británica, la India había estado gobernada por dinastías tanto favorables a los budistas —como los Mauyra y Kusana— como favorables a los hindúes, los Guptas.

—En muchos sermones búdicos, se ataca con vehemencia el privilegio de las castas y el orgullo de los brahmanes. Ahora bien, es cierto que muchos monjes budistas usaron mal sus poderes y se hincharon de orgullo.

El swami se sintió calmado con la autocrítica no fingida de Rahula.

—Por lo tanto, ésta es mi pregunta. La doctrina budista de la ausencia del sí mismo parece oponerse directamente a la concepción hindú del sí mismo idéntico o unido a Brahma. Nosotros consideramos que el "yo" es pura disponibilidad sin esencia mientras que ustedes afirman que más allá del "yo egoísta" hay un "YO" universal, un "ESO" indescriptible. Nuestra filosofía es negativa, pero no en el sentido que considera el Papa en su obra *En el umbral de la esperanza*, donde erróneamente piensa que despreciamos el mundo. Es *negativa* porque rechaza cualquier determinación que pudiera captar o encerrar lo Indescriptible. *Captar* es apropiarse, y toda apropiación puede degenerar en un poder que mata. Mientras nuestros sabios mantienen una actitud y un discurso de negación y no-captación, los de ustedes se atreven a ser afirmativos al declarar: "Ese Uno, Yo lo soy". Esta afirmación del Yo último en la vida de un ser humano puede, precisamente, cuando el corazón no está lo suficientemente purificado, ser la causa de una arrogancia de casta o del orgullo de un gurú. ¿Qué piensa al respecto?

—Como ya le dije al profesor Tannier, debo reconocer que el hinduismo, como cualquier religión o filosofía, puede canalizar perspectivas que, mal comprendidas, son peligrosas. En India y en Occidente, hay muchos seudogurús que aprovechan la superficialidad de las multitudes para enriquecerse a su costa. El verdadero sabio rechaza cualquier apropiación. Como dijo Sankara, no sobreimpone su "yo" sobre el no-ser. El verdadero sabio es un místico que permite que lo Último se exprese por él. Sólo el "YO SOY" que dice Dios por boca de un hombre es verdadero e inmortal. El ego del hombre es pasajero, el Atman-Brahma es eterno.

Cara y cruz

—Si he comprendido bien —intervino entonces Alain Tannier—, el hinduismo y el budismo serían las dos caras de una misma moneda. La doctrina de la ausencia del sí mismo, según Buda, parte de la experiencia humana y con prudencia dice de todo lo que se ha experimentado: "No, esto no es permanente. ¡Desconfíen!". La doctrina del sí mismo según los hindúes parte de lo Permanente y con prudencia dice: "Lo Permanente puede ser experimentado en este mundo impermanente". El budismo se niega a considerar que nuestro universo en perpetuo cambio tenga un valor absoluto y el hinduismo parte del Absoluto eterno y lo descifra en nuestro fluctuante universo.

El moderador recordó a los concurrentes que debían expresarse mediante opiniones comprensibles y accesibles para todos. Alain Tannier, a pesar de la observación, se sentía feliz de haber comprendido algo esencial. Al menos, eso es lo que pensaba.

—No es tan sencillo —rectificó Rahula—. Cuando los budistas afirman que "nada es permanente" o que "todo es impermanente", pueden querer decir dos cosas. O bien que el "todo" no concierne más que a lo que se percibe y que por lo tanto existe un Imperceptible permanente más allá de ese "todo". O bien que el "todo" concierne realmente al todo, incluido Dios, los dioses y el sí mismo de los hindúes. En ese caso la única verdad permanente es la de la impermanencia de todo.

—Los hindúes adoptan la primera solución —precisó el swami—. Nuestro maestro Sankara ha sido llamado en ocasiones "budista disfrazado". Algunos especialistas como Ananda Coomaraswamy consideran que el budismo y el hinduismo casi no se distinguen el uno del otro en profundidad. Más allá de las palabras, está la experiencia. Las vacas, con independencia de su color, dan la misma leche. La rosa, cualquiera sea el nombre que se le dé, desprende el mismo aroma.

—Tal vez —intervino entonces el jeque—. Pero la leche de la vaca no es la misma que la de la cabra y el olor de una rosa difiere del de un jazmín. Los musulmanes tienen mucha dificultad para comprender sus prácticas y sus doctrinas. Esto es cierto, al menos, para aquellos que se atienen rigurosamente a la letra del Corán y de la *sari'a*, la Ley islámica. Todas sus representaciones de Dios en forma de animales o de seres humanos, de cuerpos de mujeres o de órganos sexuales, hieren la sensibilidad islámica. Alá le dijo a Mahoma: "Di: Se me ha prohibido adorar a quienes invocas, prescindiendo de Dios" (Corán 6, 56).

Alí ben Ahmed hizo una pausa.

En la memoria del swami surgió el recuerdo de todas las heridas infligidas por los jefes musulmanes a su pueblo. Mahmud de Gazni y Mahoma de Ghor, entre otros, habían saqueado salvajemente su país y roto miles de estatuas. Demolieron decenas de templos hindúes y reconstruyeron mezquitas a partir de las ruinas.

—Tal vez es más conveniente tener una representación que se considera parcial de lo divino y sentirse satisfecho con ella para su propia práctica que tener tal visión del Dios Único que justifique la destrucción masiva de las creencias y prácticas de los otros.

El jeque se sintió sorprendido por la severa observación del hindú.

—Se equivoca sobre lo que quiero decir. Yo estaba pensando en lo que el gran místico musulmán Jalaleddin el-Rumi enseñó y que muchos de nuestros llamados doctores de la Ley islámica no llegan a comprender. Rumi relata un diálogo entre Dios y Moisés, cuando este último reprendió a un pastor ignorante: "¿Dónde estás para que pueda servirte, para que acomode tu calzado y peine tus cabellos?", había preguntado el pastor. "¡Infiel! —le habría gritado Moisés que pasaba por allí—. Ésas son tonterías e impiedades. Dios no las necesita. Es insultarlo atribuirle esas necesidades." Confundido, el pastor huyó al desierto. Fue entonces cuando Dios censuró a su profeta: "Acabas de apartar de mí a uno de mis servidores. Te he enviado para unir, no para separar... Le hemos dado a cada uno un carácter propio, un lenguaje particular. Lo que es alabanza para él es condena para ti; lo que para él es miel para ti es veneno... Yo estoy por encima de cualquier pureza o impureza. No es para sacar provecho que creé a los seres sino para manifestar mi benevolencia respecto a ellos... No soy purificado por sus alabanzas; son ellos los que se purifican. No considero lo exterior y las palabras sino el estado del corazón y el interior... Porque el corazón es la sustancia y las palabras son los accidentes". Rumi agregó: "El no-ser y lo imperfecto son los espejos de la Belleza en todos los seres".

Estas palabras conciliadoras del musulmán sorprendieron a todo el mundo.

¿La Verdad y el mundo en todo esto?

El doctor Clément pidió la palabra:

—En cada una de nuestras tradiciones hay corrientes conciliadoras y corrientes intolerantes. El hinduismo parece ofrecer una inmensa apertura a todas las tradiciones religiosas. Esto es posible porque considera el Absoluto como el Centro al que llevan todos los caminos que parten de la circunferencia, o también como la Cima a la que

La exposición del hindú

llegan todas las vías al elevarse desde las bases. Pero no ignorará que muchos cristianos, como por otra parte muchos musulmanes, perciben su religión como el único camino de salvación. Esto puede parecer pretencioso. Pero a veces, para ciertas enfermedades, hay un solo remedio bueno, no sólo para los que ya están convencidos sino también para toda la humanidad. Querer probar, por espíritu de apertura, todos los remedios posibles puede llevar a la muerte. ¿Cómo reacciona ante los que afirman que sólo un camino religioso es el bueno?

—Un hindú digno de ese nombre —contestó de manera lacónica el swami— no puede convertir en absoluto un solo camino. Eso es cosa de ignorantes.

—¿Y a veces también de conocedores? —preguntó Christian Clément— Poco importa. Tendremos ocasión de volver a discutir este tema.

Desde hacía un momento el Sabio sentía que la tensión entre los participantes había crecido. ¿Se debía al cansancio? ¿A diferencias entre sus religiones? ¿O simplemente porque el hombre religioso, aunque sea religioso, sigue siendo un hombre?

—Mi segunda pregunta —continuó el cristiano— concierne a la relación con el mundo. En la India hay muchos pobres; en términos materiales, se entiende. Y es cierto que en Occidente también existe la pobreza económica; la desocupación se extiende de manera inquietante. Yo sé algo al respecto. En mi país, Suiza, en el siglo pasado muchas personas tuvieron que emigrar buscando nuevos horizontes, simplemente para poder sobrevivir. En nuestra relativa prosperidad actual aunque, como he dicho, el número de desocupados se ha elevado bastante, muchos de mis compatriotas lo han olvidado. Aclarado esto, para nosotros la prosperidad económica y el bienestar material no deben menospreciarse. Según la Biblia, el mundo fue creado por Dios y confiado al hombre para que gozara de él sin abusar. Desde entonces lo material y lo espiritual son inseparables. Al escucharlos tengo la impresión de que en el hinduismo se da prioridad a Brahma —y a los brahmanes, los sacerdotes—, a expensas de la existencia concreta. ¿Me equivoco?

—Tradicionalmente, en la India, los místicos tienen más prestigio que los políticos. Su sabiduría concierne a lo Eterno mientras que los gobernantes se preocupan por lo pasajero. Con la mundialización de las relaciones y el predominio de la economía en todos los niveles, las cosas están acaso empezando a cambiar. Asimismo, sería erróneo creer que el hinduismo sólo valoriza la búsqueda del *moksa*, la liberación, y denigra el resto. Considera también legítimas otras tres finalidades: a saber, *artha*, la obtención de riquezas materiales; *kama*, el goce erótico y la procreación, y el respeto del *dharma*, la Ley universal. Esos cuatro *purusartha* o finalidades humanas son dignos de respeto.

Al oír pronunciar la palabra *kama*, algunos espectadores aguzaron el oído. En vano esperaron cosechar algunos consejos de erotismo oriental. En su lugar escucharon un arduo discurso filosófico.

—Sin entrar en los detalles, las relaciones entre Dios, el mundo —que llamamos *jagat*, literalmente "lo que pasa"— y los hombres —o *jiva*, los seres vivos encarnados— son complejas. Según Madhva, el mundo es eterno y distinto de Dios. Lo mismo sucede con lo Humano. Según Ramanuja, el mundo es una manifestación de la Energía divina. Es como el cuerpo de Dios y los humanos son parcelas de lo Divino, diferentes y sin embargo unidas a Eso. Según Sankara, en la experiencia mística última, el mundo y lo Humano se desvanecen en Dios. A los ignorantes el mundo se les presenta como real, cuando es irreal. El mundo es *Maya* —magia, sueño, ilusión e irrealidad cósmica— en consideración a la Superrealidad del Absoluto.

"Aunque haya dicho todo esto, no creo haber respondido a su pregunta. Es posible que la India haya descuidado las condiciones sociales en las que viven sus habitantes en nombre de la búsqueda espiritual. Felizmente, las cosas cambian. En mi orden monástica, la orden de Sri Ramakrishna, y en la obra misionera asociada a ella, llevamos una vida a la vez contemplativa y activa en el campo social. Nuestros monasterios tienen escuelas, orfelinatos, hospitales, farmacias y hasta bibliotecas. Lo espiritual, aunque predomine sobre lo material, no podría ignorarlo.

El origen del mal

El rabino Halévy fue el último en hablar:
—Tengo una pregunta y una observación. Ésta es mi pregunta: en nuestra tradición judía —aunque esto también se encuentra en el cristianismo y en el islam—, el mal producido por el humano resulta de una desconfianza, de una ruptura de la alianza con Dios, de una rebelión que lo desarraiga de la Fuente que lo hace vivir. La salvación consiste en reintegrar la alianza con Dios y su prójimo obedeciendo las leyes divinas. Si lo comprendo bien, el mal según los hindúes nace de las acciones negativas de los hombres, que son, a su vez, engendra-

das por la ignorancia. El hombre se ve atrapado por múltiples existencias terrenales porque ha olvidado su verdadera naturaleza, en relación o idéntica a Dios. No quiero abordar aquí la diferencia fundamental entre la reencarnación en múltiples vidas y la resurrección después de una sola vida, como la profesan la mayoría de los creyentes en los monoteísmos semitas. Lo que no comprendo es por qué y cómo el Sí libre y perfecto que residiría en todos los seres pudo ser velado por la ignorancia. ¿Cómo el ser vivo pudo identificarse con su propio cuerpo y olvidar su verdadera esencia? En una palabra, si Dios y el sí mismo son eternos y perfectos ¿por qué el surgimiento de la ignorancia y la puesta en marcha del *karma*?

El swami admiró la perspicacia del rabino.

—Muchos hindúes han intentado dar una respuesta a esta pregunta, pero ninguna es plenamente satisfactoria. Vivekananda ha admitido con humildad que no conoce el porqué. Yo también prefiero callar.

—Todos tenemos preguntas sin respuesta en nuestras religiones y aprecio su sinceridad. Es, por cierto, la mejor de las respuestas.

—¿Tiene alguna otra observación? —preguntó el moderador.

—¡Ah, sí! Para nosotros, los judíos, Dios es el Creador del mundo, diferente de él. El verbo hebreo que evoca esta creación es *bara* y se relaciona con el adverbio *bar*, que significa "fuera de". Dios, al crear, ha lanzado, expulsado fuera de él al mundo, como una madre lo hace con su hijo. Decir que Dios crea *ex nihilo*, desde la nada, es reconocer que el universo ha sido expulsado del seno mismo de Dios. Según la mística judía, la Cábala, Dios es la Nada original. Es también el "YO" supremo. Es a la vez el Vacío del que nos hablan los budistas y el sí mismo que nos presentan los hindúes. Por otra parte, en hebreo, "NO" y "YO" son anagramas. El primero se llama "AYN" y el segundo "ANY".

El Rey y el Sabio se sobresaltaron.

—¿Ha dicho "ANY" y "AYN"? —preguntó el Rey.

—En efecto —contestó el rabino, sorprendido—. ¿Lo asombra?

—Hemos tenido sueños —empezó el Rey—, y...

La mirada del Sabio lo conminaba a callarse.

—...volveremos a hablar de esto en otro momento.

En su turbación, el Sabio omitió dar la palabra al público y al jurado. Levantó la sesión. Luego, recuperándose, anunció:

—Como han leído en el programa, la velada será cultural. En el Gran Teatro de la Ciudad se presentarán músicas y danzas típicas de nuestro país, así como de las tradiciones religiosas que aquí compiten. Están todos invitados.

Y casi corriendo se fue con el Rey y el Bufón a una pequeña sala separada de la multitud.

ANY-AYN

El Rey y el Sabio estaban muy inquietos. El Bufón permanecía flemático. Con mano displicente acarició las escamas de la cabeza de Eloísa.
—Dijo "ANY" y "AYN" —suspiró el Rey—. Ahora vemos que nuestros sueños no eran fantasías.
—Diría, más bien —rectificó el Bufón—, que en sus sueños no estaban sólo sus fantasmas sino también los del rabino. Tal vez transmitió por telepatía esas dos palabras que tanto parece valorar.
—Es grotesco —afirmó el soberano—. Un rabino que hace transmisión de pensamiento y envía sus mensajes a tres personas al mismo tiempo, a miles de kilómetros de donde vive. Porque tú también, Bufón, recibiste un mensaje.
—¡Sí, pero el mío venía de Dios en persona!
—No bromees. ANY, AYN y Dios es la misma Fuente. Y puesto que es el rabino quien lo mencionó, su religión debe de ser la mejor.
El Sabio ponderó la convicción del Soberano:
—Tal vez el Dios de los judíos nos envió esos mensajes. Pero lo asombroso es que en ellos se revela con atributos que los budistas y los hindúes no rechazarían: Dios como "NO" incognoscible y como "YO" supremo. Se deja descubrir como una Persona y como el más allá de cualquier personalidad. Así, ese Dios de los judíos no sería totalmente ajeno a algunas de las intuiciones propias de las religiones orientales.
—Aunque el origen de los mensajes para nosotros empieza a ser preciso —reflexionó el Rey en voz alta—, su contenido todavía se nos escapa. "Como la luna, tu pueblo debe morir." Ninguno de los competidores ha hablado de esto. ¿Y tu mensaje cuál era?
—"Como el pueblo, tu Rey debe morir. Busquen la aguja y vivirán."
—No hemos avanzado nada —suspiró el Rey—. Y no me gustan esos mensajes de muerte. ¿Qué nos va a pasar? Empiezo a tener miedo...
—Estamos ante un grave problema existencial —filosofó el Bufón—. ¿En qué maldito pajar hemos de buscar esa maldita aguja? Ésta es mi respuesta: a pesar de todos esos mensajes que nos botan y nos dan agujazos...

Apenas tuvo tiempo de agacharse para evitar el voluminoso libro que el Rey le lanzó a la cabeza. Sin insistir, el Bufón abandonó la habitación.

Amina

Amina se sintió aliviada al enterarse del arresto del hombre que la había amenazado. Regresó a su habitación, contigua a la de su padre. El hotel que albergaba a las diferentes delegaciones estaba prácticamente vacío. Casi todo el mundo se hallaba en el teatro. Sólo el Sabio había vuelto a su casa, demasiado preocupado por lo que acababa de vivir. También David Halévy, presa de un súbito dolor de cabeza, abandonó el espectáculo.

Amina gozaba de la calma de la residencia. En Egipto, vivía en El Cairo, en casa de su padre. El contraste entre las calles ruidosas de su megalópolis y la calma del gran parque que rodeaba el hotel era conmovedor. La luna estaba casi llena y una suave luz envolvía los árboles del jardín. Tuvo deseos de sumergirse en ese cuadro mágico. Como quien toma un baño. Pero al pensar en su padre dudó. "Sin embargo, no soy una niña —se dijo—. Cuando yo nací mi madre tenía mi edad."

A sus diecinueve años, Amina gozaba ya de algunas libertades. Hasta hacía poco su padre enseñaba en la ilustre Universidad de al-Azhar, y el peso de las convenciones religiosas y sociales recaía sobre sus hombros. Desde la partida del jeque, experimentaba un alivio considerable. Pero por el momento no se había atrevido a emanciparse más. Esa noche, sin embargo, eligió no prestar atención a sus escrúpulos y tomó la decisión de salir. "Mientras me quede en el jardín del hotel, mi padre no se enfadará", se dijo a sí misma para tranquilizarse.

Llevada por su turbación, Amina olvidó cerrar su habitación con llave, un acto que luego le fue muy difícil perdonarse. En el exterior, la brisa de la noche le acarició el rostro. Y por la hierba sedosa su paso regular era como una danza, como una plegaria...

David Halévy acababa de terminar la suya:

> El Eterno es rey, el Eterno ha reinado, el Eterno
> reinará para siempre.
> Porque la realeza es tuya para siempre reinarás
> con gloria, porque para nosotros
> no hay otro rey más que tú.
> Alabado seas, Eterno que reinas en tu gloria;

Reinará siempre sobre nosotros, para siempre y sobre todas sus obras.

Después de acomodar sus filacterias y su mantón, se preparó para acostarse. Abrió la ventana y alabó al Señor por haber creado tanta belleza. De pronto percibió a Amina e hizo un movimiento de retroceso. David tenía treinta y cuatro años y todavía no estaba casado. Esa anomalía para un rabino se había convertido en una fuente de bromas para muchos de sus allegados, que nunca desperdiciaban la ocasión para recitarle los textos del Talmud: "Un célibe no es un hombre" (Yebamot 63a), o también: "Vivir en celibato es tan grave como cometer un asesinato" (Yebamot 63b).

Con calma había adoptado la costumbre de replicar que era "Dios quien elige la mujer que a cada uno le corresponde" (Mo'ed Qatan 18b) y que mientras el Señor no decidiera, seguiría siendo únicamente el "amante de la Torá".

El joven cerró los ojos. Lo invadió la mirada que intercambiara con Amina durante el día. La emoción que entonces sintió había sido rápidamente rechazada. Pero ahora, solo en su habitación, ya no lograba contenerla. Con suavidad, abrió los párpados y contempló a la joven.

Amina caminaba con paso relajado. Había dejado que el velo se le deslizara por los hombros y sus espesos cabellos negros le acariciaban el cuello. Se detuvo para coger una flor y se la llevó a los labios con delicadeza infinita. La mirada de David rozó el rostro fresco de la joven y se deslizó por su cuerpo. Se sintió como absorbido por una tierra cálida y acogedora... "¡Adonai, protégeme!"

David se despegó de la ventana. Se puso a recitar demasiado rápidamente palabras de protección del libro de los Proverbios: "Para guardarte de la mujer funesta y del lenguaje zalamero de la extranjera, no codicie tu corazón la hermosura de éstas, ni te cautiven sus párpados [...]. ¿Puede un hombre andar entre las ascuas sin quemarse las plantas de los pies? Así, el que se acerca a la mujer ajena; no saldrá sin castigo quien la toca". Trató de recordar al rey David, que había sido embrujado por la belleza de Betsabé, y al rey Salomón, extraviado por mujeres extranjeras a su pueblo. A pesar de todos sus esfuerzos, el rostro y el cuerpo de Amina lo fascinaban. Cediendo a su obsesión, volvió a la ventana. Pero el parque estaba vacío. Aliviado y decepcionado, esperó largos minutos. Luego percibió unos pasos ligeros en el corredor: alguien entraba en la habitación de al lado. Hasta creyó escuchar correr el agua del baño y la ropa liviana deslizarse al suelo... Fatigado y triste, David Halévy se desvistió y fue a acostarse.

Una vergüenza mezclada de asco empezaba a dominarlo. "¿Cómo he podido dejarme embrujar por esta musulmana?", se preguntaba.

Pero no tuvo tiempo de lamentarse mucho más porque de la habitación vecina había salido un grito ahogado. Saltó de la cama y se dirigió con prontitud hacia el cuarto y preguntó en voz alta si todo estaba bien. Oyó a alguien que gritaba pero cuya voz sonaba como apagada. Sin dudarlo, entró en la habitación y, en la penumbra, vio a un hombre enmascarado que estaba golpeando a Amina. Se lanzó sobre él y trató de apartarlo de la joven. Siguió un breve momento de confusión intensa antes de que el hombre decidiera huir. Durante algunos instantes, David Halévy trató de perseguirlo pidiendo ayuda. Pero los pasillos del hotel estaban vacíos y rápidamente el agresor lo despistó. El rabino volvió a la habitación donde se había producido el drama. Vio a Amina, de pie en un rincón, sollozando, con el rostro hundido entre las manos. Se puso a su lado y pasó con delicadeza el brazo alrededor de sus hombros. El camisón de la joven estaba desgarrado y le temblaba todo el cuerpo. Espontáneamente se acurrucó contra su salvador. Al sentir la suavidad de sus formas y turbado por tanta vulnerabilidad, David intentó separarse. Luego, dejándose llevar, trató de consolarla con dulzura y pureza.

Sus cuerpos se tocaron sólo unos instantes, pero David saboreó en ellos un fragmento de eternidad. De pronto, la joven musulmana, tomando conciencia de lo incongruente de la situación, se desligó del abrazo y se precipitó al cuarto de baño. David Halévy, impresionado, tardó en irse. Por fin, recuperándose, salió de la habitación. En medio del pasillo su mirada cayó sobre un objeto en el que no había reparado. Por inercia, lo recogió. Al reconocerlo lanzó un grito de estupefacción. Discretamente, se lo guardó en el bolsillo y fue a advertir a los responsables del hotel de lo que había pasado.

Poco después la policía llegó al lugar de los hechos y llevaron al jeque junto a su hija. Surgieron las preguntas y hubo que contar muchas veces a unos y otros lo que había ocurrido. El rabino se cuidó mucho de decir cuál era el objeto que había descubierto al salir de la habitación de Amina. Sólo después de varias horas agotadoras pudieron acostarse. Se destinaron dos policías para velar día y noche por Amina y su padre.

La joven no pudo dormirse. Todo en ella estaba dañado, ensuciado, ajado. En cuanto al rabino, sus sueños estuvieron poblados de gritos y cabellos negros. Hasta se creyó reconocer vestido con el traje real de Salomón, avanzando hacia la bella sulamita recitándole las palabras del Cantar de los Cantares:

> ¡Cuán bella y agraciada eres,
> oh amabilísima y deliciosísima!
> Parecido es tu talle a la palma,
> y tus pechos a los racimos.

En el momento en el que quiso contemplar el rostro de la joven, se sintió horrorizado al ver que no era Amina, sino el rey David, quien lo miraba con desaprobación y tristeza...

Consternación

En el desayuno todo el mundo sólo hablaba de "eso". ¡Qué lejos estaba de las preocupaciones el "ESO" del swami! Los medios de comunicación locales habían divulgado rápidamente los acontecimientos nocturnos. Mientras que a las exposiciones de los primeros competidores sólo les dedicaron algunas líneas, la agresión fue portada de todos los periódicos.

"UN RABINO SALVA A LA HIJA DE UN IMÁN", titulaba un importante diario. En la primera página del periódico sensacionalista podía leerse: "VIOLACIÓN Y VIOLENCIA EN EL GRAN TORNEO". David Halévy se sintió molesto por varios de los artículos aparecidos en la prensa. Eran pocos los que se ceñían a los hechos. La mayoría ya especulaba sobre el presunto autor del delito, y todos parecían sospechar de los "extremistas musulmanes". Por otra parte, la policía no había esperado la aparición de esos textos para actuar. Aprehendieron a todos los espectadores de origen islámico y los sometieron a un duro interrogatorio. El mismo rabino percibió cómo el peso de los prejuicios aplastaba no sólo a su comunidad sino también a la musulmana.

Alí ben Ahmed, rodeado de su guardia personal, entró con paso lento en la gran sala. Su rostro estaba desmejorado, casi abatido. A Amina le habían prohibido mostrarse en público. De todas maneras ella no quería ver a nadie. Petrificada por el dolor, se había recluido en su cuarto. La estrecha vigilancia de la policía local no bastaba para tranquilizarla y la perspectiva de nuevas posibles agresiones la paralizaba.

Cuando el rabino entró en el lugar del encuentro, todas las miradas se clavaron en él. Bajando los ojos se dirigió a su lugar. Durante una fracción de segundo, vio el rostro sereno del monje budista y lo

La exposición del hindú

invadió un molesto sentimiento de vergüenza y aun de indignidad. La víspera había escuchado con interés a Rahula cuando habló del sufrimiento y de la causa del sufrimiento, sobre todo en esa "sed de los placeres de los sentidos". Intelectualmente, había sopesado el pro y el contra de esa doctrina y la había comparado con serenidad con las enseñanzas de la Torá. Ahora todo era diferente. La calma del monje acentuaba aún más su desasosiego interior. Mientras que ayer el rabino había recordado con un desdén apenas velado: "¿Qué piensan, jóvenes, que es lo mejor para ustedes? ¿Buscar una mujer o buscarse a ustedes mismos?", hoy se sentía confuso. Intentó tranquilizarse. Le vino a la memoria un episodio de la historia del budismo, fuente de uno de los primeros cismas: en un concilio, cuestionado por el budismo theravada, el monje Mahadeva habría afirmado que los *arhats*, los santos, también podían tener "desahogos nocturnos", lo que los puristas habían rechazado con fuerza; pero la mayoría siguió a Mahadeva. "Un monje budista sigue siendo un hombre —se dijo David Halévy—. Y un rabino judío *también*..."

Muy afectado, el Sabio abrió la sesión:

—Ayer se descubrió una carta amenazadora y se detuvo a un sospechoso. Esta noche, la violencia ha estallado una vez más y la hija del jeque Alí ben Ahmed fue otra vez la víctima. Afortunadamente el rabino Halévy pudo intervenir y disminuir los efectos de esta barbarie. Quiero felicitarlo delante de todos. Como consecuencia de estos terribles incidentes pensamos cerrar anticipadamente el torneo. Pero, con el acuerdo de los delegados, se ha tomado la decisión de continuar y no dejar que los fanáticos logren sus propósitos. Tal vez su objetivo es que este encuentro termine. No les proporcionaremos ese placer. El "azar" quiso que sea la delegación musulmana la que tome la palabra. A pesar del drama vivido, el jeque ha aceptado continuar con el programa. Se lo agradecemos sinceramente.

LA EXPOSICIÓN DEL MUSULMÁN

El público aplaudió durante más de un minuto. El musulmán permaneció silencioso en su lugar y esperó el final de las aclamaciones.

—*Bismillah ar-rahman ar-rahim*. En nombre de Dios, el Clemente, el Misericordioso. Islam... En esa palabra magnífica está la raíz de la palabra "paz" —*salam*—, que en hebreo se dice *shalom*. Esta noche Alá ha querido que un judío preservara a una musulmana de lo peor. *Shalom* y *salam* se han dado la mano.

Una vez más, el público lo aplaudió emocionado y determinado. Como si buscara exorcizar sus miedos.

—El islam, llamada divina a la Paz, es desgraciadamente hoy traicionado por los mismos que lo invocan. Que Dios los perdone, porque no saben lo que hacen.

Esta invocación, tan cercana a las propias palabras de Jesús, intrigó a Christian Clément.

—Hay por lo menos seis tipos de musulmanes, pero la opinión pública no conoce esas distinciones. Hay musulmanes *de nombre*, tan secularizados que ya nada conocen de su religión. Hay musulmanes *tradicionalistas* o *reaccionarios*, cercanos a los poderes políticos en los países pretendidamente islámicos, y que justifican en nombre del islam regímenes a menudo injustos y totalitarios. Hay musulmanes *revolucionarios*, que se oponen a esos regímenes corruptos y lo hacen en nombre del Corán y de la *sari'a*; para lograr sus fines, algunos no vacilan en utilizar la violencia, incluso el terrorismo. Hay musulmanes *reformistas*, que quieren combatir los regímenes islámicos fosilizados y restaurar una sociedad auténticamente musulmana; para hacerlo, evitan recurrir a la violencia. Hay musulmanes *modernos*, que miran con severidad estas diferentes formas de islam y tratan de armonizar los textos revelados y legislativos con una visión del mundo contemporánea, humanista y democrática. Finalmente hay musulmanes *sufíes*, los que van más allá del texto, o tal vez más adentro de éste, para descubrir su espíritu, su sentido oculto, el *batin*; contra los dogmas que matan, pregonan una mística que vivifica. El drama del mundo islámico actual es que esas diferentes corrientes están en guerra unas con otras. Hasta nuestros encuentros aquí se han visto perturbados por la violencia de esas tensiones.

Al jeque le costó reprimir un sollozo.

La vida del jeque

—Antes de presentar el contenido de la religión islámica, permítanme decir algunas palabras sobre mi camino espiritual. Es verdad que a nosotros los musulmanes no nos gusta mucho hablar de nosotros mismos, porque la norma es la revelación de Dios y no nuestra experiencia personal. Sin embargo, creo útil dar testimonio de la acción de Alá relatándoles algunos episodios de mi vida.

"Nací en Egipto, en una familia acomodada y piadosa. Las primeras palabras que escuché son las que pronunciaron en mi oído al nacer y que son las palabras de la *sahada*, la profesión de fe de todos los musulmanes: *"La ilaha illa Allah wa Muhammad rasul Allah"*, "No hay más Dios que Alá, y Mahoma es su enviado". Mi vida terrenal empezó oyendo esas palabras tan melodiosas. Y terminará, si Dios quiere, con esas mismas palabras que murmuraré en su alabanza. Desde mi más tierna infancia, recité el Corán hasta aprenderlo de memoria. Ahora que estoy ciego me es todavía más útil.

"De adolescente, me rebelé contra el barniz islámico que cubre mi país y contra la colonización cultural y económica de Occidente. Frecuenté la asociación de los Hermanos Musulmanes y me alimenté con los escritos de su fundador, Hasan al-Banna, y de los que pregonaban la violencia de Sayyed Qotb. Había en mí un odio contra todos aquellos que se llaman musulmanes pero que no siguen lo que Dios ha revelado en el Corán y en la *sari'a*. Estaba como el autor de la carta de amenazas y el agresor de mi hija: lleno de fervor y ciego...

"Poco a poco, tomé distancia con relación al ala violenta de la Hermandad Islámica y seguí una formación teológica completa en la prestigiosa universidad al-Azhar. Al final de mis estudios, me pidieron que enseñara allí, lo que fue para mí un honor inmenso. Pero dos acontecimientos iban a sacudir mi vida. El primero fue el accidente de auto a causa del cual quedé ciego. El golpe fue terrible. Quedar hundido en una noche completa... No poder ver más la luz del sol que riega generosamente nuestra tierra, las estrellas que brillan cada una con una preciosa delicadeza, los colores del universo cuyos matices son infinitos. Y especialmente no poder contemplar nunca más el dulce rostro de mi mujer y la fresca sonrisa de mi hija que, me decían, se hacía cada día más bella.

Belleza y amor

David Halévy enrojeció ligeramente, pero se sintió aliviado porque nadie pareció notarlo.

—Desde ese día estuve como obsesionado por la belleza de la que mis ojos estaban privados. Mis amigos me hicieron descubrir los escritos de los sufíes y en especial los de los poetas persas. Por ellos me fue revelado que Dios no era antes que nada un maestro exigente que pedía sumisión ciega, sino que era la Belleza eterna que se refleja en las bellezas pasajeras del universo.

Con inmensa emoción, el jeque se puso a recitar entonces un poema de Djami:

—"La belleza no puede soportar permanecer ignorada detrás de la cortina; un hermoso rostro siente horror del velo y, si le cierras la puerta, querrá asomarse a la ventana. Mira cómo el tulipán, en la cima de la montaña, perfora con su tallo la roca ante la primera sonrisa de la primavera y nos revela su belleza. Y tú mismo, cuando surge en tu alma una idea rara, te obstinas en expresarla mediante la palabra o la escritura. Ése es el impulso natural de la belleza allá donde existe. La Belleza eterna debe someterse a él y emergerá de las santas regiones de misterio para brillar en los horizontes y en las almas. Un resplandor que emana de ella brota en la tierra y en los cielos. Se revela en el espejo de los seres... Todos los átomos que constituyen el universo se convierten en otros tantos espejos y cada uno refleja un aspecto del eterno esplendor. Una brizna de su brillo cayó en la rosa, que enloqueció de amor al ruiseñor. A ella le debe sus encantos Leila que ató el corazón de Mejnun con cada uno de sus cabellos...

"Tal es la belleza que se transparenta a través del velo de las bellezas terrestres y encanta a todos los corazones enamorados. Es el amor hacia ella el que vivifica los corazones y fortifica las almas. Sólo por ella suspira el corazón que ama, se dé cuenta o no."

Después de un momento de pausa, prosiguió:

—"El corazón carente del mal de amor no es un corazón; el cuerpo privado de la pena de amor sólo es agua y barro. La inquietud amorosa es la que da al universo su movimiento eterno; es el vértigo del amor el que hace girar las esferas.

"Si quieres ser libre, sé cautivo del amor. Si quieres la alegría, abre tu pecho al sufrimiento del amor. El vino del amor da calor y ebriedad; sin él es egoísmo helado... Puedes perseguir muchos ideales, pero sólo el amor te librará de ti mismo... Es el único camino que conduce a la verdad..."

El auditorio quedó conmovido.

—Escuchen esta otra historia que cuenta Djami: "Oí decir que un discípulo fue a ver a un jeque para pedirle que lo guiara por el camino espiritual, y que el viejo le respondió: «Si tu pie nunca ha pisado el sendero del amor, vete y conoce el amor, vuelve después a verme. Aspira primero la copa de vino de las apariencias, si quieres saborear después el trago del licor místico; pero no te demores en las apariencias; cruza rápido ese puente si quieres llegar al fin supremo»".

El rabino estaba subyugado, como si Dios le hubiera hablado cara a cara.

—"Sólo el amor te liberará de ti mismo". Poco a poco sentí fundirse en mí la rigidez orgullosa con la que interpretaba el Corán y miraba a los que no pensaban como yo. Un segundo acontecimiento fue el que aceleró aún más este proceso.

"Una noche tuve un sueño extraño que hasta ahora sólo le había contado a mi esposa. Estaba sobre un camello y acababa de dejar un exuberante oasis. En el desierto, me alcanzó una tempestad de violencia inaudita. Cuando volvió la calma, me había perdido. Errante por colinas de arena y rocas, quedé agotado. No tenía nada para beber y mi boca ardía. Arrojándome al suelo le supliqué a Alá que me salvara la vida. En ese momento apareció con un cuerpo humano un ángel de luz. Yo estaba aterrado, pero él me dijo: «No temas, soy Gabriel, mensajero de Dios. Él me ha enviado para salvarte». En su mano tenía un libro abierto del que brotaba una fuente de agua fresca. Precipitándome hacia él, descubrí que ese libro era... la Biblia, la Torá de Moisés y el Injil —el Evangelio— de Jesús. Mi reacción fue inmediata: «¡No, nunca! Estas fuentes son engañosas, vale más morir».

"Como saben, los musulmanes respetan en especial a los «fieles del Libro», judíos y cristianos, a los que consideran que se les hizo cada vez una Revelación particular. Pero también piensan que ha habido alteraciones en esos Mensajes anteriores y que el Corán vino a rectificarlos. Es la razón por la cual los musulmanes sólo raramente leen la Biblia, sin hablar de los textos sagrados de otras tradiciones religiosas. Y cuando la leen, es por lo general para probar la superioridad de su propia Revelación.

"Una palabra del ángel me marcó: «No consideres como perturbador aquello que puede quitarte la sed. Bebe lo que Alá te da». Superando mis reticencias, acerqué mis labios a la fuente y la vida me reanimó. Luego me desperté con un sentimiento de frescura en todo mi ser. Entonces busqué una Biblia y le pedí a mi mujer o a Amina que me leyeran largos fragmentos. Poco a poco comprendí que lo que está alterado, como dice el Corán (2,75 y 3,78), no es tanto el texto de esas Escrituras como su sentido correcto, en razón de las malas interpretaciones que dieron de ellas ciertos teólogos judíos y cristianos. También debo decirles que desde hace algún tiempo me intereso por el *Bhagavad-Gita* hindú, así como por extractos del *Tripitaka*, los textos sagrados búdicos.

Con un dejo de tristeza en la voz, el jeque prosiguió:

—Estas transformaciones interiores no dejaron de tener consecuencias en mi enseñanza. Antes de que la distancia entre lo que se esperaba de mí y lo que yo podía decir fuera demasiado grande, decidí dejar la universidad. El camino de al-Ghazali —que también había abandonado la enseñanza tradicional para adentrarse en una vía más interiorizada— me confortó en mi elección. Actualmente lo que me abre puertas nuevas es la teología mística de Ibn Arabi. Pero por el momento no me atrevo a cruzarlas. Que Alá me lleve por el buen camino.

Nadie pudo permanecer indiferente al testimonio del jeque. Hasta Alain Tannier se sintió conmovido por la vida del musulmán, sobre todo por su falta de rigidez. Contrariamente a tantos clisés de dignatarios religiosos encerrados de una vez para siempre en sus dogmas, el jeque Alí ben Ahmed estaba en movimiento. Vivía una auténtica aventura interior que no dejaba de tener riesgos, pero que precisamente por ello era tan fascinante.

—¿Cómo presentarles el islam en pocas palabras? Pienso que han percibido que la palabra "islam" podía ser comprendida de diferentes maneras. Hay que distinguir el islam, religión *revelada*, y el islam —o islamismo— hecho de civilización, religión *realizada*. La distancia entre los dos puede ser enorme. Lo que quieren conocer es por cierto lo que constituye el centro mismo de nuestra religión, el contenido de esta Revelación. Que Alá me ayude.

El enviado de Alá

—Para nosotros los musulmanes, Mahoma —paz y salvación se derramen sobre él— no es el fundador del islam, sino el enviado y el portavoz de Alá. El Fundador es Dios mismo. Nuestro Profeta vivió en Arabia, en La Meca, del 570 al 622 de la era cristiana. Luego emigró a Medina, donde vivió hasta su muerte en el 632. Esta emigración, la Hégira, marca el comienzo del calendario musulmán, que es lunar. Por otra parte, en el Corán a menudo se menciona la luna (41,37; 10,15; 22,18...), y Rumi ha podido decir que el Profeta refleja a Dios como la luna refleja la luz del sol. El símbolo de la luna creciente es importante en la mística musulmana. Es imagen del paraíso y símbolo de la resurrección.

Al escuchar esto el Rey palideció. "Como la luna, tu pueblo debe morir", recordó. El mismo jeque se sorprendió por su digresión. Sólo más tarde comprendió el motivo.

—El Corán —continuó— quiere decir *recitado*. Para nosotros, los musulmanes, es la Palabra de Dios descendida en Mahoma por mediación del arcángel Gabriel. Su autoridad sobrepasa a la de todos los otros textos. Formado por 114 suras, o capítulos, y por 323.671 letras, está redactado en árabe de una manera inimitable. El sura 112, veintidós en el orden cronológico, pertenece a los inspirados en La Meca. Como dijo el jeque Bubakeur: "Este sura llamado también La Unicidad es la base de la teología musulmana *(tawid)*, el resumen de su doctrina, la expresión de su fe en un Dios absoluto, único, omnisciente, omnipotente, sabio, libre. Él solo resume todo el Corán". Escuchen esta Palabra.

El recitado en árabe, puntuado por silencios de gran intensidad, era impresionante de escuchar.

—Ésta es la traducción:

> En el nombre de Dios, el Clemente,
> el Misericordioso.
> Di: Él es Dios, es único,
> Dios, él solo.
> No ha engendrado ni ha sido engendrado,
> y no tiene a nadie por igual.

"Bubakeur comenta esta afirmación central con estas palabras: «Esta unicidad de Dios excluye la Trinidad cristiana, el politeísmo, la idolatría, el panteísmo, la metempsicosis, cualquier práctica y cualquier doctrina contrarias al monoteísmo más intransigente, más puro, más sincero que es el islam. Ser musulmán es estar profundamente convencido de la unicidad de Dios y afirmarla en cualquier circunstancia»."

El doctor Clément, al escuchar el comentario que cuestionaba frontalmente sus convicciones más íntimas, o sea, el misterio de la Trinidad, no reaccionó. Por el contrario, ya sabía qué pregunta tendría que plantearle al jeque.

—Para nosotros, los musulmanes, el islam no es una nueva religión, sino la restauración en toda su pureza de la de Abraham, Moisés y Jesús. Escuchen estas otras palabras del Corán: "Sean judíos o cristianos: estarán en el buen camino, han pretendido [aquellos que invocan la Escritura]. Digan [les]: «No. [Seguimos más bien] la religión de Abraham, este creyente sincero que no abandonó nunca su alianza con Dios» [...] Digan: «Creemos en Dios y en lo que se nos ha hecho descender y en lo que se hizo descender a Abraham, a Ismael, a Isaac, a Jacob y a las *doce* tribus; en lo que fue dado a Moisés y a Jesús; en lo que fue dado a los Profetas por su Señor, nos diferenciamos entre ellos y Le somos sumisos»" (2,135 y ss.). La sumisión *(islam)* a Alá, no de modo servil, sino restituyéndole amorosamente su vida, ésa es la identidad del musulmán.

Los pilares

—Cinco pilares fundamentan su práctica. El primero es la *sahada*, la profesión de fe: "No hay más Dios que Alá y Mahoma es su enviado". Con esta profesión, el musulmán afirma su adhesión al último mensaje revelado por el Dios Uno al profeta Mahoma. Expresa su convicción de que la historia tiene un sentido y de que Dios, después de haber dado los mensajes a Moisés y a Jesús, se reveló a Mahoma, su último enviado. El segundo es la oración *(salat)*, que da sentido a cada jornada y la marca con la evocación del Dios único. El tercero es la *zakat* que algunos traducen como "impuesto social purificador". Dar su dinero para los necesitados es un acto religioso que inscribe al donante en una relación de reconocimiento hacia Dios —nuestro dinero no nos pertenece— y de solidaridad porque lo que tenemos es para compartir. El cuarto es el ayuno del *ramadán*, que es una ruptura de un mes con relación a la vida normal. Desde la salida del sol hasta su puesta, los musulmanes se abstienen de cualquier sustancia extraña que pueda entrar en su cuerpo y de cualquier relación sexual. Es el mes en el que pueden expresar físicamente su voluntad de servir sólo a Alá y sentir también en su carne lo que desgraciadamente muchos hambrientos sufren cada día. El quinto y último pilar es el *hayy*, el peregrinaje una vez en su vida a la Kaaba —el santuario sagrado— en La Meca.

"El sentido de esos cinco pilares es claro. Se trata de inscribir en la vida personal, comunitaria y mundial, una orientación liberadora. Profesar la unicidad de Alá y la sumisión sólo a Él es reconocer que nadie debe convertirse en esclavo de otro hombre o de un bien de este mundo. Es, pues, afirmar su libertad frente a todo lo que contiene el universo y la igualdad de todos ante Dios."

—¡Y sobre todo la de las mujeres! —gritó una voz femenina entre el público.

El rostro del jeque, herido por esta observación, se endureció durante unos segundos. Luego continuó su exposición sin dejarse perturbar:

—Profesar que Mahoma es su enviado es reconocer que la historia está orientada en el tiempo; realizar el peregrinaje a La Meca y volverse hacia esa ciudad para la oración es reconocer que hay una orientación en el espacio...

Varios delegados, enardecidos tal vez por la observación crítica que habían escuchado poco antes, expresaron también su reprobación. Jerusalén, Benarés, Bodhgaya y tantos otros grandes lugares espirituales, ¿no constituían también orientaciones sagradas en el espacio? El jeque puso fin con rapidez a esa indignación citando a un sufí:

—"El que vive en la Kaaba no tiene que ir allí." Para los místicos, la orientación geográfica es antes que nada un soporte pedagógico para la vida espiritual. Es evidente que muchos doctores de la Ley han estado en desacuerdo con esta interpretación. Pero me gustaría terminar lo que quería decir.

"Vivir la oración cotidiana es expresar que el tiempo encuentra su sentido en Dios, como vivir la ofrenda es expresar que el dinero encuentra su sentido en la generosidad. El cuerpo, los bienes, el día, el año, la historia tienen como única dirección Alá, del que todo procede y al que todo regresa."

El jeque terminó su exposición recitando la célebre *Fatiha*, el capítulo que abre el Corán:

En el nombre de Dios, el Clemente, el Misericordioso.
La alabanza a Dios, Señor de los mundos.
El Clemente, el Misericordioso.
Dueño del Día del Juicio.
A Ti te adoramos y a Ti pedimos ayuda.
Condúcenos al camino recto,
camino de aquellos a quienes has favorecido,
que no son objeto de tu enojo y no son los extraviados.

Confrontaciones

Alain Tannier, una vez más, abrió el fuego:
—Ya que he tomado la costumbre de ser el primero en intervenir, continuaré haciéndolo. Como todo el mundo aquí, me emocioné al escuchar las palabras del delegado musulmán. Mis críticas no se dirigen tanto a él como a lo que vemos en el mundo islámico contemporáneo. ¿Cómo es que las mujeres —no podemos ignorar la suerte de la mejor mitad de la humanidad— son tan explotadas en esas regiones? ¿Por qué los hombres las dominan de tal manera? Y también ¿qué pasa con la poligamia? ¿Y por qué obligan a las musulmanas a llevar velo?

"Y ésta es otra serie de preguntas candentes para los occidentales: ¿una sociedad realmente laica es compatible con el islam? Todos los musulmanes nos dicen que el islam no es una «religión» en el sentido de una cuestión privada entre un creyente y Dios, sino un modo de vida que engloba todas las dimensiones de la existencia. ¿Qué lugar dejan en esa perspectiva a los que, como yo, no tienen religión y a los que profesan otra religión? ¿Cómo es que entre nosotros en todas partes construyan mezquitas mientras que en Egipto a los coptos les resulta tan difícil simplemente restaurar sus lugares de culto? ¿Y qué decir de la ausencia de lugares de celebración para los bahais, los hindúes y los cristianos en Arabia Saudí o en otras regiones del mundo islámico? ¿Cómo justifican la ausencia de reciprocidad en el campo del matrimonio y de la conversión? En efecto, un musulmán tiene derecho a casarse con una cristiana, pero una musulmana no tiene derecho a casarse con un cristiano; de igual modo, un musulmán no puede convertirse a otra religión o a otro sistema de pensamiento —en efecto, su vida se vería amenazada de muerte—, pero las conversiones al islam son más que alentadas. ¿Y por qué los países islámicos sufren tanta violencia y por qué tan pocos sabios o filósofos eminentes —por no decir ninguno— de esos lugares son reconocidos por la comunidad internacional?

Había algo agobiante en todas esas preguntas. Y tanto más por cuanto el público sentía que el profesor Tannier se había interrumpido cuando aún le quedaban temas pendientes. ¿Cómo iba a poder el jeque defender su religión después de haber sido aplastado por tantas críticas? La audiencia esperaba impaciente para ver cómo saldría del paso.

¿Aguja o tijeras?

Hundiendo la mano en un bolsillo, Alí ben Ahmed hizo aparecer un objeto minúsculo. Luego contó esta historia:

—Una vez un rey quiso ofrecer a un místico musulmán un regalo soberbio. Era un par de tijeras de oro incrustadas de diamantes y otras piedras preciosas. El sufí agradeció educadamente al rey, pero le dijo: "Su gesto me conmueve. Pero desgraciadamente no puedo aceptar su regalo. Las tijeras, en efecto, sirven para cortar, separar, dividir. Y toda mi vida y toda mi enseñanza están basadas en el acercamiento y la reconciliación, la reunión y la reunificación. Ofrézcame, más bien y para mi mayor alegría, una aguja, una simple aguja...".

El Sabio miró inmediatamente al Rey, quien abría los ojos con estupefacción. "Busquen la aguja y vivirán".

—Hay dos fuerzas en el mundo —continuó el jeque—, una fuerza de división y una fuerza de reconciliación. La religión auténtica es aquella donde la aguja actúa para volver a coser. Por desgracia, muchos musulmanes leen el Corán —la Revelación recitada—, la *Sunna* —el conjunto de las tradiciones que transmiten las otras palabras y actos de Mahoma— y la *sari'a* —la Ley y la Vía islámicas— no con una aguja sino con las tijeras. Se atienen literalmente a los textos para justificarse contra los otros. Como ya escribió uno de los primeros cristianos, el apóstol Pablo, la letra sola mata, lo que vivifica es el espíritu.

"Para todos los temas que acaba de abordar, hay que comprender las palabras reveladas restituyéndolas en su contexto. En la época de nuestro profeta Mahoma —que la paz y la salud de Dios sean con él—, la condición de la mujer fue notablemente mejorada. Es verdad que aún quedan progresos por hacer. Pero un cambio completo no podía realizarse de la noche a la mañana; la capacidad de transformación del ser humano es tributaria de la época. Lo triste es que demasiados musulmanes poco educados, o por deseo de fidelidad absoluta a la letra, quieren reproducir *tal cual* las enseñanzas coránicas. Lo que no ven es que esas enseñanzas reveladas por Alá lo fueron para la época de Mahoma... y por supuesto para nuestro tiempo, pero con la condición de que nos dejemos inspirar no por los comportamientos sociales definidos por esos textos sino por el movimiento de progresión que esos textos han insuflado en la época. La perfección del Corán no quiere decir que debamos reproducir sin reflexionar el contenido de todas las palabras coránicas, sino dejar que nos ponga en movimiento el dinamismo que lo ha habitado... y que tal vez puede habitarnos todavía. Lo mismo sucede con todos los problemas que ha recordado y también con aquellos que no mencionó: la total igualdad entre el hombre y la mujer —sin minimizar las diferencias entre ellos—, el respeto de las minorías y de las otras tradiciones religiosas, una real libertad de creencias —sin chocar, sin embargo, con la de los musulmanes—, un modo de relaciones que descarte la violencia física para lograr sus fines... Yo también suspiro por ese período en el que matemáticos, físicos o médicos como al-Jwarizmi —inventor del álgebra—, al-Haytham o al-Razi sobresalían. Queda por realizar un trabajo enorme de relectura inteligente del Corán, de la *Sunna* y de la *sari'a*. Pero, debido a la presión de una minoría de grupos extremistas, ese trabajo se ha vuelto muy peligroso para cualquiera que se dedique a esa tarea.

El Hijo de Dios y Dios el Hijo

El doctor Clément intervino entonces en la discusión:
—Agradezco vivamente al jeque su respuesta. Como cristianos nos hemos enfrentado a las mismas preguntas. Nuestros textos sagrados contienen muchos pasajes que, tomados al pie de la letra, son anacrónicos y aun peligrosos. Me siento feliz de descubrir que también en el mundo islámico está en curso una relectura inteligente y humanista, aunque sea ardua para quienes la practican. Pero la relectura que ha señalado parece concernir principalmente a temas sociales como el papel de la mujer, el respeto de las minorías, etc. ¿Y esa relectura no debería aplicarse también a temas más teológicos? Me explico. Entre cristianos y musulmanes hubo catorce siglos de conflictos. Usted asegura que Jesús es un Profeta, que nació de la Virgen María, que reali-

zó milagros que ni Mahoma hizo, que es el Mesías y también, según palabras de Mahoma, que volverá al final de los tiempos. En cierta manera están muy cerca de nosotros. Al mismo tiempo niega la Trinidad, que Jesús sea hijo de Dios, que haya sido crucificado y resucitado y que, por su muerte en nuestro lugar, nos garantiza el perdón de nuestros pecados. Aparentemente nos separa un abismo. Leídas al pie de la letra, nuestras dos Revelaciones se excluyen mutuamente, y esto quiere decir que sus fieles no pueden sino excluirse con intensidad. En el Nuevo Testamento se puede leer: "Éste es un anticristo, que niega al Padre y al Hijo. Cualquiera que niega al Hijo, tampoco reconoce al Padre; quien confiesa al Hijo, tiene también al Padre" (1 Juan, 2, 22-23). Y más adelante: "En esto se demostró la caridad de Dios hacia nosotros, en que Dios envió a su Hijo unigénito al mundo, para que por él tengamos la vida... Dios nos dio la vida eterna, y esta vida está en su Hijo. Quien tiene al Hijo, tiene la vida; quien no tiene al Hijo, no tiene la vida" (1 Juan 4, 9; 5, 11-12). Para un cristiano, Jesús es el Hijo de Dios. Todos sus textos sagrados lo afirman. Para un musulmán, Jesús no es el Hijo de Dios, porque Dios no es un "Padre". Alá no tuvo hijos ni fue tenido como hijo (Corán 112, 3). Frente a esa contradicción sólo hay dos posibilidades. Sea negar la posición del otro —diciendo que lo inspira Satán o que las Escrituras han sido alteradas— o releer respetuosamente los textos para superar los malentendidos reales. Ni ustedes ni nosotros estamos dispuestos a considerar que nuestras Escrituras reveladas sean "falsas". Para vivir juntos, estamos condenados a reinterpretarlas, y aun hasta a sorprendernos por el enriquecimiento que tal lectura puede aportarnos.

El jeque escuchó con mucha atención al cristiano. Pero fue reticente a llegar tan lejos.

—En el Corán está escrito: "Cuando Dios dijo: «Jesús, hijo de María, ¿has dicho acaso a los hombres: 'Tómenme, junto a mi madre, como a dos Dioses, prescindiendo de Dios'?». Respondió: «¡Loor a ti! No me incumbe decir lo que no es verdad; si lo hubiese dicho lo sabrías; Tú sabes lo que hay en mi alma, pero yo no sé lo que hay en tu alma. Tú, Tú conoces perfectamente lo oculto. No les he dicho sino lo que me mandaste: Adoren a Dios mi Señor y vuestro Señor»" (Corán 5, 116-117). Por lo tanto debemos reconocer que su Trinidad es incompatible con el monoteísmo de Abraham, Moisés, Mahoma y, si me apura, de Jesús.

—Permítame referirme a la lectura contextual que acaba de realizar. Como creyente, puedo reconocer que Mahoma fue enviado por

Dios para corregir el politeísmo de su época y hasta las herejías profesadas por los cristianos de entonces. En la época de Mahoma, muchos cristianos eran "triteístas"; creían que Dios era una familia de tres seres divinos: Dios el Padre, que con María la Madre, habría sexualmente engendrado a Jesús el Hijo. Esa "trinidad" es inaceptable y debe ser cuestionada con energía. Y a justo título el Corán la condena. ¡Pero esta "trinidad" no es la de los cristianos! También para nosotros, Dios es Uno y Único. Además es Único en todo: en su capacidad de crear desde la nada, en su justicia sin prejuicios, en su amor incomparable. ¡También es Único en su manera de ser Uno! Dios es siempre mayor que nuestros ídolos. Y la "Unidad" concebida por nuestro espíritu también puede convertirse en una. La Trinidad, tal como nosotros la entendemos, es como las tres dimensiones inseparables del Espacio que es Uno: la altura, la longitud y la anchura no forman tres espacios diferentes.

—¡Pero sin embargo usted afirma que 1 + 1 + 1 = 1!

—Si necesitáramos referirnos a los números para hablar de la Trinidad, no diríamos exactamente eso. Y aún menos: 1/3 + 1/3 + 1/3 = 1. Sino más bien: 1 x 1 x 1 = 1. Dios el "Padre", el primer "1", es la Fuente primera e invisible de todo; en tanto tal escapa a nuestro conocimiento. Dios el "Hijo", el segundo "1", es su Imagen, su Reflejo, su Exteriorización, su "Retrato". Dios el "Espíritu", el tercer "1", es el Aliento de amor que los une y que busca arrastrar a la humanidad en esta comunión. Confesar a Dios como Padre es reconocer que Dios está más allá de nosotros y que nunca podremos poner la mano sobre él. Confesar a Dios como el Hijo es reconocer que Dios se acerca a nosotros, que se hace visible y audible. Confesar a Dios como Espíritu es reconocer que Dios llega dentro de nosotros, que nos transforma desde el interior para que podamos conocer lo Incognoscible. Dios es a la vez trascendencia, presencia e inmanencia; es a la vez infinito, cercano e interior. El Dios de la Biblia es así una Comunión sin confusión ni exclusión.

El jeque estaba perplejo.

—Para nosotros, cristianos, decir que Dios es Trinidad —mejor dicho: "Triunidad"— es decir que no es homogéneo y estático, porque en él hay exteriorización y síntesis. Pero todo esto es demasiado filosófico. El otro día lo vi sostener la mano de su hija con mucha dulzura y sus rostros se sonreían el uno al otro con inmensa ternura. Para mí eran como un reflejo de la Trinidad. Su hija, sin ser usted, viene de usted. Se le parece, como el Hijo se parece al Padre. La ternura sin precio intercambiada entre ustedes era la imagen del Espíritu Santo que algunos teólogos ortodoxos han llamado el Beso entre el Padre y el Hijo. Todo nuestro lenguaje para hablar de Dios es inapropiado, aun las palabras "Unidad", "Ser", "Realidad suprema", "Misericordia". La imagen menos inadecuada para evocar a Dios, dicen los creyentes, es ese amor nutricio que vibra entre un padre —o una madre— y su hijo.

El Sabio, a justo título, recordó al doctor Clément que no era él a quien interrogaban sino al jeque y que luego tendría ocasión de desarrollar sus tesis. Alí ben Ahmed, perturbado por lo que acababa de escuchar, volvió a inerpelar él mismo al cristiano:

—Pero ¿y la crucifixión de Cristo? Al respecto, ¿no son inconciliables el Nuevo Testamento y el Corán? Esto es lo que se afirma en nuestra Revelación: "Los hemos maldecido porque ellos no han creído y han dicho, contra María, una calumnia enorme. Porque ellos dicen: «Ciertamente, nosotros hemos matado al Mesías, Jesús, hijo de María, Enviado de Dios». Pero no lo mataron ni lo crucificaron, pero a ellos se lo pareció. [...] Al contrario, Dios lo elevó hacia Él, pues Dios es poderoso y sabio" (Corán 4, 156-158).

—Ya que el jeque me hace una pregunta, la responderé. Hay una interpretación "tijeras" y una interpretación "aguja", para retomar la hermosa imagen que nos ha dado. Según una lectura separadora, un cristiano dirá que Mahoma estuvo influido por los cristianos llamados "docéticos", que consideraban que Jesús sólo tenía una apariencia de cuerpo y que por lo tanto no podía morir; Basílides, en el siglo II, enseñó que Simón el Cireneo fue crucificado en lugar de Jesús. Mahoma, siguiendo esta enseñanza seudocristiana, se habría dejado influir por una doctrina falsa, y aun por el diablo. Según otra lectura, que sostienen algunos exégetas chiítas, este texto no niega la muerte de Jesús. No se dirige a los cristianos sino a ciertos judíos de la época de Jesús, que pensaban poner fin a la acción de Dios por medio de Jesús crucificándolo. De esta manera, Dios afirmaría, contra esos judíos de entonces, que a Jesús no lo mataron ni lo crucificaron, ya que atravesó la muerte y la crucifixión, y que Dios lo elevó, es decir, lo resucitó.

El jeque quedó sorprendido por esta interpretación, pero no quiso recusarla sin reflexionar. En su interior se regocijaba de ver que un cristiano conocía tan bien el Corán. Esto lo confortó en su decisión de descubrir mejor la Biblia. En efecto, si esos textos venían auténticamente de Dios y sólo las interpretaciones de algunas iglesias los falsearon, entonces, como dijo el arcángel Gabriel, no debía considerar como perturbador lo que podía quitar la sed.

¿Dios en todo?

El swami pidió la palabra:
—Acaba de tener una larga discusión con el doctor Clément sobre el tema de la Trinidad. El comentario del jeque Bubaker que nos citó también critica, en nombre de la Unidad de Dios, el politeísmo y el panteísmo, dos doctrinas que los musulmanes parecen atribuir a los hindúes. Y sin embargo, en su conmovedora cita de Djami se dice con claridad que la eterna Belleza se reveló en el espejo de los seres y aun que este mundo es el "sitio de las apariencias". Y finalmente, ¿tal vez nuestros místicos y los de ustedes no están tan alejados unos de otros? Ramanuja utilizó esta hermosa imagen de la Realidad suprema que se hace a la vez Pájaro y nido, Creador y creación. ¿Qué piensa de esto?
—Es difícil hablar de la mística —reconoció Alí ben Ahmed—, porque está muy diversificada. Pero conozco sufíes, místicos musulmanes, muy autoritarios y cuya enseñanza confunde. Y sin embargo, junto con la acción ética, la mística es tal vez el único camino que nos acerca. Cuando dos enamorados relatan poéticamente la experiencia de "fusión" de sus seres, su lenguaje es falso para quien lo analiza de una manera exterior y "objetiva": dos cuerpos no pueden "fusionarse". Pero en la conciencia de uno y otro, en el momento de la experiencia íntima, ya no hay yo y tú, hombre o mujer, sino un bienestar más allá del espacio y del tiempo.

"El discurso de los místicos siempre chocó con el de los juristas. El musulmán Mansur al-Hallaj, por afirmar «Soy la Verdad», fue crucificado; según los doctores de la Ley islámica, era un pecado de *shirk*, de idolatría, de asociación de algo humano con lo divino. Rumi contó esta bella anécdota: «Un hombre llama a la puerta del Amigo. '¿Quién es?' —'Soy yo'—. 'Aquí no hay lugar para los dos', responde la voz. El hombre se va y pasa un año en soledad. Cuando vuelve: '¿Quién es?' —dice la voz—. 'Soy Tú, oh Bienamado'. —Ya que soy Yo, que Yo entre. No hay lugar para dos *yo* en una casa'.» En el amor, la diferencia entre el yo humano y el tú divino puede superarse aunque, en realidad, subsista la diferencia. Ibn Arabi, tal vez más que cualquier otro musulmán, tendió un puente hacia lo que usted acaba de decir de Ramanuja. Según él, pero me cuesta seguirlo, al comienzo sólo había una Realidad confusa. Por amor y por el deseo de conocerse, ésta se habría diferenciado en un Creador y la creación. En la actualidad, la unidad original puede ser reconstituida por el ser humano.

"La mística musulmana, sin pretender ser tan audaz, puede aceptar, supongo que como los místicos judíos y cristianos, no que Dios sea todo, sino que todo sea en Dios."

¿Una religión de violencia?

—Cambiando de tema, tengo dos preguntas para hacerle —dijo entonces el monje Rahula—. Como los *jaini* —los discípulos de Mahavira, el contemporáneo indio de Buda—, los budistas otorgamos gran importancia a la *ahimsa*, la no violencia. El respeto absoluto a todo ser vivo es uno de nuestros principios fundamentales. ¿Cómo es que el islam engendra tanta violencia?

—Imagino que usted se refiere a la *yihad*...

El jeque sintió una vez más todo el peso de las confusiones provocadas por el extremismo de algunos de sus correligionarios.

—Según su etimología, la palabra *yihad* significa "esfuerzo para alcanzar un fin". Todos los musulmanes son llamados a hacer un "esfuerzo en el camino de Dios". En la historia, es verdad, uno de esos "esfuerzos" pudo ser el esfuerzo militar, tanto cuando era necesario para defender un dominio musulmán contra los agresores, como para abrir al islam un país que había rechazado la invitación pacífica a adoptarlo. El Corán, tomado literalmente, puede justificar muchas violencias. Como por otra parte la Torá de los judíos. Piensen en las guerras de Moisés, de Josué, de David y de tantos otros reyes de Israel... Los espiritualistas han distinguido la "gran *yihad*", el combate espiritual digamos, de la "pequeña *yihad*", que es el combate militar. En muchos países islamizados, la gran *yihad* consiste en la actualidad en luchar contra el subdesarrollo y en promover las condiciones de una vida humana digna de ese nombre. Pero mientras en nuestros países la tasa de analfabetismo se mantenga tan alta como en la actualidad, habrá *imanes* para fanatizar a las multitudes en nombre del *yihad*.

El Sabio estuvo a punto de intervenir para recordar que el nazismo, una de las peores barbaries cometidas en la historia de la humanidad, nació no en un país de analfabetos sino en uno de los pueblos más cultivados del planeta. La educación por sí sola no basta para protegerse de las acciones más diabólicas. Pero el budista ya había retomado la palabra:

—Mi segunda pregunta sólo concierne a un detalle. Como saben, esta noche habrá luna llena. En los países de tradición theravada, siempre celebramos Vesakha, nuestra fiesta religiosa más importante, en mayo, cuando hay luna llena...

El Rey y el Sabio una vez más palidecieron. Sus sueños se habían producido, exactamente un año antes, con luna llena.

—Con esta fiesta, conmemoramos a la vez el nacimiento, el Despertar y el pasaje del Buda histórico al *parinirvana*, a la extinción total. ¿Por qué usted, que es musulmán, asocia la luna al "paraíso"?

—En islam, la luna creciente representa un papel importante. En árabe, la "N", el *noun*, se parece al creciente con un punto encima. *Noun* significa "pez" y según una parábola coránica es el símbolo de la vida eterna. El creciente es también símbolo de resurrección, porque es una figura a la vez cerrada y abierta, como lo es el hombre, encerrado en la muerte antes de ser abierto por la resurrección.

Un problema espinoso

David Halévy era el único que no había hablado. La mirada interrogante del Sabio lo estimuló a tomar la palabra.

—Entre judíos y musulmanes actualmente las relaciones son muy tensas. El problema palestino es *espinoso*, aunque los moderados de ambas partes intentan un acercamiento que nos congratula. Antes de venir aquí, cada vez que pensaba en el islam, nacía en mi interior una especie de enemistad profunda mezclada de inquietud. En la actualidad se ha producido algo en mí que todavía no comprendo bien. La exposición abierta y humilde del jeque tiene que ver con ese cambio interior. En nuestras concepciones de la fe, judíos y musulmanes no estamos tan alejados. Varios textos de la Torá dicen en términos casi idénticos las mismas palabras de la profesión de fe islámica. En el libro de Isaías podemos leer: "Así habla Adonai (el Señor): Yo soy el primero, y el último, y fuera de mí no hay otro Elohim (es decir, no hay Dios)" (44, 6). O también:

> ¿No soy yo Adonai? ¡No hay otro Elohim salvo yo!
> ¡Dios justo y que salve, no hay sino yo!

¡Conviértanse a mí, pueblos todos de la tierra,
y serán salvos!
Sí, yo, Él, ningún otro. (45, 21-22)

"*Alá* y *Él* derivan de una misma raíz semítica que probablemente quiere decir «fuerte», «anterior a todo», «Aquel al que se aspira y hacia el que se vuelve». Y si *Elohim* —como por otra parte *Adonai*— es un plural, designa al Dios único. Muchos de nuestros eruditos comentaron esta paradoja. Uno de los comentaristas señaló que la raíz de *Elohim* —*aleph*, *lamed*, *he*, en hebreo— es idéntica a la del pronombre demostrativo que quiere decir «ésos» y por lo tanto reúne una multiplicidad de objetos en una unidad. De esto puede deducirse que Elohim es el Ser que unifica por su poder y su voluntad la multiplicidad de lo que existe en una sola totalidad. Elohim es el Uno que reúne, el Conjunto que une. Al mismo tiempo, Elohim se da a conocer al pueblo judío con el vocablo impronunciable *yhwh* —bendito sea su santo nombre—, al que algunos se animan a poner vocales y que los judíos, por respeto, preferimos expresar con los términos de *Hashem*, el Nombre, o *Adonai*, el Señor. El Dios universal tiene pues nombre propio particular y la vocación del pueblo judío es la de ser un pueblo particular que da testimonio de esa universalidad. Nosotros estamos muy atentos al respeto de las diferencias, para evitar confusiones. Aunque en la actualidad, en nuestra era de uniformes y uniformidades, cualquier diferencia a menudo se percibe como una amenaza. A causa de esa preocupación por la particularidad del pueblo, cada judío se convierte él mismo en el interior del pueblo en un ser muy particular. Esto está tan desarrollado en nosotros que decimos: «¡Cuando se reúnen dos judíos se enfrentan por lo menos tres opiniones!». A veces hasta resulta gracioso. Es así como se cuenta la historia de un Robinson judío perdido en una isla desierta y que, durante su espera, construyó varios edificios. Un día apareció a lo lejos un barco y atracó en la isla. Cuando el capitán visitó las obras del solitario se quedó maravillado con su trabajo. «Ésta es mi casa y aquélla mi sinagoga, mi casa de oración.» El capitán se admiró. «¿Y aquello qué es?», preguntó señalando una construcción imponente. «Es una segunda sinagoga.» «¡Pero está loco! ¿Por qué tener dos?» «La otra es muy diferente. Es la sinagoga a la que no voy.»

El público se sintió encantado de poder relajarse con la risa.

¿Una religión uniformizadora?

El rabino continuó:
—Ésta es mi pregunta. Leí en alguna parte que Mahoma habría dicho: "No hay ningún recién nacido que no pertenezca (naturalmente) a la religión musulmana. Son sus padres los que hacen de él un judío, un cristiano o un adorador del fuego". Esta mirada globalizadora, ¿no corre el riesgo de convertirse en recuperadora hasta el punto de no respetar las diferencias específicas de cada tradición? Además, usted no ha hablado de las diferencias entre musulmanes sunnitas y chiítas, o entre musulmanes "ortodoxos" y los que no lo serían, como los *drusos*, que creen que Alá se ha encarnado en el califa Al-Hakim, o los *ahmadiyya* que afirman en su rama principal que Gulam Ahmad es un nuevo enviado, a semejanza de Mahoma. Su "unidad" —un Dios único, un Corán definitivo, transmitido por un Profeta último para una Comunidad única— pretende englobar a las otras religiones. El Corán no se suma a la Biblia, sino que pretende recapitularla con pureza y autenticidad. Esto tiende, a mi parecer, a borrar las particularidades y a no respetar las diferencias. Si hubieran hecho como los cristianos, que no suprimieron lo que llaman el Antiguo Testamento, sino que lo prolongaron *tal cual* en su Nuevo Testamento, si hubieran prolongado la Biblia *tal cual* por el Corán, tal vez se nos hubiera facilitado el diálogo.

Con mucha educación, el jeque contestó a la pertinente pregunta del judío:
—Ya le dije que empecé a leer la Biblia; desde hace poco tiempo, es verdad. También debo reconocer que pocos musulmanes lo hacen... con un espíritu no apologético. Pero ¿conoce muchos judíos que lean el Corán o los Evangelios?

El rabino bajó los ojos.
—Tiene razón. Hay una diversidad en el seno del islam y fuera del islam que nosotros, musulmanes, debemos acoger positivamente. Los chiítas, o sea los *partidarios* de Alí —el primo y yerno de Mahoma—, difieren de los sunnitas sobre todo en el tema de la legitimidad de los sucesores del Profeta y en la manera de designarlos. Sus prácticas religiosas son casi las mismas. Cuando los chiítas llaman a la oración, agregan una referencia a la dimensión profética de Alí. También han mantenido una costumbre preislámica que es el matrimonio temporal e igualaron las partes de la herencia entre hombres y mujeres. Sobre todo, afirmaron claramente que las "puertas del *ijtihad*" —es

decir, el esfuerzo personal para interpretar la Ley— no estaban cerradas. Por desgracia, algunos imanes sunnitas han hecho circular equivocadamente la idea de que ya no había necesidad de hacer ese esfuerzo, y esto desde que las cuatro grandes escuelas jurídicas codificaron lo esencial de las prácticas. Fue una de las razones dramáticas del bloqueo intelectual que tanto nos ha paralizado. En cuanto a los behai, drusos, ahmadiyya y muchos otros grupos, generalmente ampliaron los fundamentos del islam abriéndolos a otros profetas o a otras doctrinas. Nuestra ausencia de diálogo con ellos tal vez nos impide estar atentos a los bloqueos que nos habitan y a las exclusiones que desarrollamos. Nosotros, los musulmanes, atravesamos en este momento un período de extraordinaria debilidad, a pesar del dinamismo que algunos nos adjudican... y tanto temen. Las virulencias de nuestros extremistas son la prueba de nuestra incapacidad para dialogar serenamente. Hasta en estas justas estamos sufriendo esos contratestimonios que deshonran a Alá...

La confesión del rabino y el abrazo del imán

Se produjo entonces un acontecimiento que suscitó una gran emoción entre los participantes. El rabino Halévy se levantó de su asiento y, con los ojos llenos de lágrimas, pidió perdón al jeque:

—Cada vez que usted se expresa, lo hace con profunda humildad. A pesar de su ceguera, es el más clarividente de todos nosotros. Uno de nuestros eruditos, el rabino Simeón ben Yojai, ha dicho: "Se deben confesar las cualidades en voz baja y la derrota en voz alta". Y es lo que no ha dejado de hacer desde que está con nosotros. No trató de camuflar las debilidades de los musulmanes, cuando yo mismo traté de proteger a alguien de mi pueblo... Le pido sinceramente perdón. Desde que su hija recibió una carta con amenazas y luego fue agredida todas las sospechas han caído sobre los extremistas islámicos. Pero el problema está mal planteado. La historia que cuenta uno de nuestros rabinos vale más que una larga teoría. "Dos hombres bajan por una chimenea. Uno está limpio, el otro sucio. ¿Cuál de los dos irá a lavarse? —pregunta a uno de sus discípulos—. —El que está sucio —contesta. —¡En absoluto! —dice entonces el rabino—. El que está limpio. Éste, al ver a su compañero sucio delante de él, se dice: «Ya que él está sucio, yo también debo de estarlo. Por lo tanto, tengo necesidad de ir a lavarme». Mientras que el que está sucio, al ver a su compañero limpio, se dice: «Puesto que él está limpio, yo también debo de estarlo. Por tanto no es necesario que vaya a lavarme»". Y el rabino continúa: "Dos hombres bajan por una chimenea. Uno está limpio, el otro sucio. ¿Cuál de los dos irá a lavarse? —El que está limpio —responde con entusiasmo el discípulo. —En absoluto. El que está sucio. Al ver sus manos llenas de hollín, se dice: «¡Estoy sucio! Tengo que ir a lavarme». Mientras que el que está limpio, al ver sus manos limpias, se dice: «Como no estoy sucio no tengo necesidad de lavarme...». Tengo todavía otra pregunta —continúa el rabino—: dos hombres bajan por una chimenea. Uno está limpio, el otro sucio. ¿Cuál de los dos irá a lavarse? El discípulo cree que por fin ha comprendido. "El sucio y el limpio —grita. —Falso —exclama el rabino—. No has comprendido que si dos hombres bajan por una chimenea, es imposible que sólo uno de ellos esté sucio mientras que el otro siga limpio. ¡Los dos no pueden estar sino sucios! Cuando un problema está mal planteado, todas las soluciones son falsas."

Al Sabio le gustó esta historia, pero no se daba cuenta de adónde quería llegar David Halévy. Con mucha emoción, el participante judío continuó:

—El islam no es monopolio de los extremistas. Los judíos también tenemos los nuestros... Ayer por la noche, al salir del cuarto de Amina encontré esto. Pero no me atreví a decírselo a la policía.

Luego sacó un objeto de su bolsillo y se lo mostró al público.

—Es un solideo como el que yo llevo en la cabeza. Pertenece por lo tanto a un judío. Sorprendido por mi presencia quien lo llevaba debió de perderlo durante la refriega que se produjo en el cuarto de Amina. El responsable de la violencia cometida no es, pues, un musulmán, sino alguien de mi comunidad. Mi primera reacción fue la de disfrazar este acto. Pero no tengo derecho a proteger a un criminal aunque sea judío. Mi silencio ha durado demasiado tiempo. Y les pido perdón, especialmente a usted, jeque ben Ahmed.

A su vez, levantándose de su asiento, y ayudado por sus guardias, el musulmán se dirigió hacia el judío. Buscándolo con las manos lo cogió bruscamente y lo atrajo hacia él. La policía estaba atenta para proteger al rabino. Pero no fue necesario. En un largo y afectuoso abrazo, el jeque expresó todo su reconocimiento al rabino. Este gesto superó en intensidad todo lo que las palabras podían decir. El Sabio no sabía muy bien cómo cerrar el encuentro. El Bufón acudió en su ayuda.

—Cuando dos personas bajan por la chimenea de la violencia, sean judías o musulmanas, cristianas, hindúes o budistas, las dos están sucias. Pero cuando dos personas se sumergen en el baño de la humildad, cualesquiera sean sus convicciones, las dos quedan limpias.

Luego agregó a media voz:

—Yo, cuando sea mayor, seré arquitecto. Y construiré las chimeneas directamente encima de las bañeras...

Una vez más, el público y el jurado se quedaron sin debate. Mientras, la policía interceptaba a todos los judíos con pasaporte israelí. Obligados a ir a la comisaría, fueron sometidos a un intenso interrogatorio. Los agentes recogieron el solideo con cuidado para que los especialistas pudieran obtener toda la información que era susceptible de revelar.

La vigilancia

El Rey, el Sabio y el Bufón decidieron comer juntos. El soberano estaba trastocado; a pesar de sus esfuerzos, no lograba canalizar el flujo de sentimientos que brotaban de él.

—Ayer, era any y ayn. Hoy, la aguja y la luna llena de mayo...

—Y mañana nos moriremos todos —dijo el Bufón despreocupadamente.

—Si eso me liberara de tus necedades, no estaría descontento —replicó el Rey con rabia—. Amenazan a una joven y luego casi la violan. "Sólo puede ser un extremista musulmán", nos dicen. "No, sólo puede ser un extremista judío", nos contradicen. Ya no sé dónde tengo la cabeza.

—¿Y si en realidad el verdadero culpable es un extremista ateo o cristiano, hindú o budista? —preguntó ingenuamente el Bufón.

—¿Y por qué no un extremista Bufón ya que estás aquí? —gritó el Rey todavía más irritado.

El Sabio intervino para calmar los ánimos:

—Señor, tal vez el Bufón no se equivoque. Ingenuamente pensamos que el culpable era musulmán cuando puede ser judío. Pero a lo mejor no es ni lo uno ni lo otro...

—Explícate —dijo el Rey con mucha insistencia.

—Acuérdese del relato del rabino: un problema mal planteado no encuentra ninguna solución satisfactoria. Tal vez el verdadero criminal quiso inducirnos a error haciéndonos sospechar de los extremistas judíos o musulmanes. No me asombraría que el autor de estos delitos proceda de otra parte.

—¿Pero cuáles serían sus motivos para venir a perturbar mi torneo?

—¿Y si fueran celos? —preguntó el Bufón—. Tal vez el presidente de un país vecino no soportó verlo coronado de prestigio al organizar este primer Gran Torneo espiritual de la humanidad. Tal vez esas amenazas tienden a su persona.

—¡Es absurdo!

—¿Y si fuera un complot fomentado por los adversarios de la realeza, que de esta manera tratasen de desestabilizarlo para tomar el poder?

El Sabio, viendo cómo agobiaban al Rey todas esas hipótesis, puso término a las especulaciones:

—Sea quien fuere, debemos estar atentos.

—En efecto —agregó el Bufón—, *sea quien fuere, ella o él*, porque ¿por qué no podría tratarse de una mujer?, debemos estar muy atentos.

LA EXPOSICIÓN DEL JUDÍO

Después de los prolegómenos de costumbre, el moderador dio la palabra al participante judío. Cuando se puso de pie se sintió cegado por los flashes de los periodistas. Desde el drama de la noche, los "JO" habían empezado a interesar a los medios de comunicación. El rabino primero se irritó. Se dijo a sí mismo: "Mientras hablamos de Dios, religión, sentido de la vida, no interesa a nadie. Pero apenas hay algo sabroso para echarse a la boca, aparecen todos los buitres". Luego cambió de opinión: "La culpa no es sólo de los periodistas, sino también de los lectores. A ellos les gustan estos relatos de violencias. Y tal vez nosotros, los hombres religiosos, no sabemos hablar de Dios sin aburrir".

Recordó una ironía de Bernard Shaw. Inspirándose en ella, el rabino exclamó con gran solemnidad:

—Ya que la prensa se interesa tanto en mí, debo hacerles una confidencia. El padre de todos nosotros, Abraham, ha muerto. Isaac ha muerto. Jacob ha muerto. Hasta Einstein ha muerto. Y yo no me siento demasiado bien...

El público apreció la ironía y el humor del rabino.

El Dios oculto

Después de las risas y los aplausos, les dijo con intensidad:

—Dios —bendito sea su nombre— es un Dios que se oculta. "Verdaderamente está en ti un Dios que se esconde, el Dios de Israel, Salvador." Esto está escrito en el libro de Isaías, en el capítulo 45. Pascal, no sin razón, estaba fascinado por el Dios oculto. Si el Dios de Israel se vela, también sabe desvelarse a los que lo buscan. Piensen en un palacio con innumerables puertas, relató una vez Baal-Shem Tov, ese gran sabio del jasidismo, el movimiento de renovación del judaísmo en el siglo XVIII. Detrás de cada puerta un tesoro espera al visitante, quien, al poder extraerlos a su antojo y saturado de bienes, no experimenta ya ninguna necesidad de continuar su exploración. Sin embargo, al final del pasillo hay una puerta y detrás de ésta un rey dispuesto a recibir a quien piensa en él y no en los tesoros.

"El orgullo del saber es peor que la ignorancia. Buscar vale más que encontrar. La autosuficiencia es peor que el hambre. El peregrinaje vale más que la estabilidad. Es propio de los falsos dioses ofrecer sin demasiados esfuerzos bienes que colman de manera pasajera las necesidades más fáciles de despertar en el hombre. El dios Poder dice: «Prostérnate ante mí y serás poderoso. Dominarás a quien quieras». El dios Tener dice: «¡Acumula! ¡Acumula! Y serás rico. Entonces nada te faltará». El dios Celebridad dice: «Triunfa en la vida aplastando a los demás. Entonces tu memoria durará eternamente». El dios Placer dice: «Goza sin inquietarte por gozar. Entonces estarás colmado». El dios Espectáculo dice: «Huye en lo irreal y lo virtual. Entonces serás invulnerable». Pero Elohim, el Dios de los dioses, nos dice: «Búsquenme y vivirán»".

"Según el Talmud (Makkot 24a), estas palabras del libro de Amós en el capítulo 5, versículo 4, resumen las ciento trece enseñanzas reveladas a Moisés: "Busquen la Fuente suprema de todo poder y de todo tener, de toda celebridad, de todo placer y de todo espectáculo, y vivan. Vivan en la santidad y la generosidad, en la humildad, el goce y la admiración. Busquen mi Torá, mi Ley que les indica el Camino, y serán felices". Busquen... como un joven busca a su bienamada..."

La hermosa Torá

—En el Zohar, uno de los textos fundamentales de la mística judía, se compara la Torá con una jovencita toda belleza, oculta en un cuarto aislado del palacio.

El rabino cerró los ojos y la imagen de Amina se proyectó en su espíritu. Una ligera y agradable vibración atravesó su cuerpo.

—Esa joven —continuó con ternura y pasión— tiene un amante cuya existencia sólo ella conoce. "Por amor a ella, él pasa y vuelve a pasar sin cesar delante del palacio, y mira por todas partes esperando verla. Ella sabe que él nunca se aleja del palacio; y entonces ¿qué hace? Hace una pequeña abertura en su cuarto secreto, muestra por un instante su rostro al amante y enseguida lo oculta. Sólo él y ningún otro ha visto su rostro, y sabe que por amor a él se lo ha mostrado, por un instante, sólo a él. Y su corazón y su alma se sienten atraídos hacia ella. Así sucede con la Torá: sólo revela sus más profundos secretos a quienes la aman. Sabe que el que es sabio de corazón vaga día tras día ante las puertas de su morada."

Después de una breve pausa, el rabino se expresó en un lenguaje más didáctico:

—¿Este lenguaje amoroso los sorprende? En la Biblia hay un libro entero consagrado al Amor entre un hombre y una mujer, entre lo divino y lo humano. Es el Poema de los Poemas, también llamado el Cantar de los Cantares. El rabino Aquiba pudo decir de este escrito: "El mundo no tenía valor ni sentido antes de que El Poema de los Poemas fuera dado a Israel". La pulsión sexual y la pulsión espiritual son las dos caras de una misma composición. Y esta pieza es aquella de la que Dios es el Compositor. En la carne del humano está inscrita una pulsión biológica y afectiva que lo hace salir de sí mismo para acoger a otro, a otra. En el espíritu del humano hay inscrita una pulsión metafísica y espiritual que lo hace salir de su ego para descubrir al Otro por excelencia, Dios. Al igual que una mujer puede estar obsesionada por el rostro de un hombre, y un hombre por el de una mujer, Dios es el gran Seductor que obsesiona al alma humana. Sin esas dos pulsiones que se llaman entre sí, la vida sería insulsa, centrada en sí misma.

"«Creó Dios al hombre a imagen suya; a imagen de Dios lo creó» (Génesis, 1, 26-27). Lo humano, reflejo de lo divino, es a la vez masculino y femenino, una unidad en la dualidad. El Adán inicial no era masculino, sino bisexual. Como si hubieran sido dos seres siameses que había que separar, Dios los «aserró» para diferenciarlos. Y así Eva fue sacada del costado de Adán. Desde su creación, la pareja es una unión escindida en busca de intimidad. El texto original no dice que Dios creó a *un* hombre, sino al ser humano —en hebreo *Ha-Adam*—. Según los cabalistas, que dan a cada letra un valor numérico para descubrir sentidos ocultos, el total de la palabra *Ha-Adam* es 50; es exactamente el equivalente numérico de la palabra hebrea *Mi*, que quiere decir "Quién". Mientras que para *Adam* solo, un hombre masculino sin Eva su mujer, esa suma corresponde a 45; y 45 es el valor numérico de la palabra *Mah*, que significa "Qué". De esto los cabalistas han sacado una hermosa enseñanza: el hombre pasa del *Qué* al *Quién*, de un ser-objeto a un ser-sujeto, cuando realiza la complementariedad hombre-mujer. Pasar de *Adam* a *Ha-Adam* es encontrar al otro, es salir del anonimato. Sucede lo mismo cuando los humanos encuentran a su Creador: abandonan una condición de objetos, esclavos de las determinaciones sociales y biológicas, para acceder a una condición de sujetos, que participan en la libertad de Dios. El sentido de la historia humana —individual, comunitaria y mundial— es pasar de la esclavitud a la libertad, de las relaciones de dominación a la era mesiánica en la que la justicia y la fidelidad se abrazan.

David Halévy hizo una pausa en su discurso y luego continuó:

—Como ya han podido percibir, para nosotros, los judíos, nuestra referencia sagrada es la Torá. En su sentido amplio, está compuesta por la "tradición escrita", presente en la Biblia judía, y por la "tradición oral", fijada en el Talmud. Numerosos comentaristas, teólogos, filósofos y místicos, enriquecen continuamente nuestra herencia con sus infinitas lecturas. Contrariamente a las tradiciones más dogmáticas, la nuestra se niega a cerrar de una vez para siempre el sentido de los textos; nuestra responsabilidad es *interpretar* la Torá, como los músicos interpretan una partitura. Y los matices no tienen límites...

Esta imagen de la interpretación como creación artística fascinó especialmente a Alain Tannier. Durante sus estudios de teología, había sufrido por los dogmatismos descubiertos no sólo en el cristianismo sino también en el islam.

—En tanto judíos, consideramos que la práctica es, en definitiva, más importante que las creencias. Lo primordial es observar los *mitzvot*, los mandamientos que Dios reveló en su encuentro con Moisés y en su acompañamiento fiel del pueblo hebreo. Abraham, Isaac y Jacob son sus padres fundadores. A lo largo de nuestra agitada historia, hecha de bajezas y de explotaciones, de crisis y de reconciliaciones, Dios nos ha interpelado sin cesar enviándonos profetas. Su misión consistía en recordarnos cómo debemos vivir según las exigencias divinas de justicia y compasión. Por otra parte, como recuerda Raphael Hirsch, *Elohim* es Dios en su justicia, mientras que el tetragrama *yhwh* es Dios en su misericordia. Los dos aspectos son inseparables. Dios es a la vez Aquel que manifiesta su compasión en la Providencia y Aquel que pone límites para que cada uno pueda vivir en su lugar y deje vivir a los otros en el suyo. Aquel que ha dicho: "Yo soy el que soy" (Éxodo 3,14) llama a su pueblo para que abandone cualquier forma de idolatría para participar en su santidad: "Sean santos, porque yo, el Señor, soy santo y los he separado de los demás pueblos para que fuesen míos" (Levítico 20, 26). La elección que hizo

Dios del pueblo judío a menudo ha sido mal comprendida. "Elección" no quiere decir predilección, sino llamada a servir a la humanidad como testimonio del movimiento hacia la justicia y la misericordia en que Dios llama a todos los pueblos.

El resumen del rabino

El rabino había esperado constatar agitación entre el público cuando recordara la elección de su pueblo, pero a nadie pareció sorprenderle su interpretación. Enardecido por tan atenta escucha, se atrevió a afirmar:

—Me parece, dicho de manera sumaria, que los hindúes y los budistas privilegian la posición sentada, que es la de la meditación y la interiorización, que los musulmanes valoran el pasaje de la posición de pie a la prosternación, signo de la sumisión a Alá, y que los cristianos insisten sobre todo en pasar de la posición acostada a la de pie, que simboliza el pasaje de la muerte a la resurrección. El mensaje específico confiado a los judíos es el de la marcha: el éxodo del país de Egipto hacia la Tierra prometida, de la esclavitud hacia la libertad.

El resumen encantó al Sabio. Como los otros delegados no habían expresado ningún signo de contrariedad, el rabino se preguntó si lo seguían escuchando. Y recordó este adagio: "Un rabino que no es cuestionado, no es un rabino". Dudó en decir una palabra provocadora, pero la enseñanza del rabino Meir lo calmó interiormente: "Dios no ha creado nada más bello que la paz". Por lo tanto continuó con voz tranquila:

—Nuestros Sabios han contado en la Ley de Moisés 613 mandamientos, de ellos 248 positivos y 365 prohibiciones. Según la tradición, a cada uno de los miembros del cuerpo humano le corresponde un mandamiento positivo y a cada uno de los 365 días del año una prohibición. En una palabra, esto quiere decir que durante el año todo el cuerpo debe practicar la Ley y que esta práctica es fuente de curación. "Hijo mío, no te olvides de mi Torá, y guarda en tu corazón mis mandamientos. Porque ellos te colmarán de largos días y de años de vida y de paz. No se aparten de ti la bondad ni la lealtad; átalas alrededor de tu cuello y escríbelas en las telas de tu corazón. Y hallarás favor y buena opinión delante de Elohim y de los hombres. Confía en yhwh con todo tu corazón y no te apoyes en tu prudencia. En todas tus empresas tenle presente y hará suaves tus senderos. Será remedio para tu ombligo y filtro para tus huesos" (Proverbios 3, 1-7).

"Un no judío se presentó un día a Hilel, sabio conocido por su dulzura y muerto en el año 10 de la era cristiana. Le dijo: «Me haré judío, pero es necesario que me enseñes toda la Ley, mientras me mantengo sobre un solo pie». El maestro le dijo: «Lo que no te gusta que te hagan no se lo hagas a otro. Ésa es toda la Ley; el resto es sólo comentario: ve y apréndela». En cuanto al rabino Akiba, enseñó, citando a Levítico 19, versículo 18: "Amarás a tu prójimo como a ti mismo; ése es el gran principio de la Ley".

Diversidad y unidad de los judíos

—Así, nuestra Ley es a la vez compleja y sencilla. Algunos de mis compatriotas tratan de seguirla hasta en los detalles, otros van a lo esencial "olvidando" el resto. Entre judíos ortodoxos y liberales, la guerra puede ser dura: los primeros insisten en la necesidad de practicar todos los mandamientos de la Ley, los segundos en la de practicar sólo los compatibles con la vida moderna. Entre ambos, los judíos conservadores tratan de encontrar una posición intermedia. Además de estas tres tendencias, algunos agregan una cuarta, la de los judíos reconstruccionistas. Pero poco importa. Es necesario saber que en el judaísmo aparecieron las grandes tensiones no en el comienzo sino con la llegada de los tiempos modernos. En la actualidad se puede ser judío y practicante, judío y no practicante, y hasta judío y ateo. Maimónides, el gran médico y filósofo judío de la Edad Media, recapituló en los *trece artículos de fe* nuestras creencias fundamentales: el Creador dirige todo, es el Único, sin cuerpo, el Primero y el Último; sólo a él deben dirigirse las plegarias; los profetas dicen la verdad y Moisés es el primero entre todos ellos; le fue entregada la Ley, que es inmutable; Dios conoce todas las acciones y los pensamientos humanos; recompensa a los que observan sus preceptos y castiga a los que los violan; el Mesías llegará, aunque tarde, y tendrá lugar la resurrección de los muertos. Muchos judíos aceptan estos artículos, otros no; y sin embargo siguen siendo judíos. Nuestro pueblo, en comparación con otras religiones, es pequeño, pero yo me siento orgulloso de formar parte de él. De él salieron filósofos como Spinoza, Bergson o Husserl, científicos como Einstein, Bohr o Born, artistas como Mendelssohn, Mahler o Chagall, psicólogos como Freud, Adler o Bettelheim, políticos como Herzl, Marx o Trotski, genios religiosos como Abraham, Moisés o Jesús... Algunos permanecieron fieles a su pueblo; otros no. Algunos asumieron su defensa, otros lo atacaron con virulencia; algunos observaron su Ley, otros la desacreditaron; pero todos estuvieron preocupados por temas fundamentales y se pusieron en marcha hacia lo que consideraban una Tierra nueva, y tras ellos arrastraron a muchos otros. Lo más importante es la búsqueda.

"Se cuenta que un hombre angustiado interrogó al jasid Mendel de Kotz: «Rabino, reflexiono todo el tiempo. —¿En qué? —En el hecho de saber si de verdad hay un juez y un juicio. —¿Es que eso puede ayudarte? —Si no lo hay, ¿para qué sirve la creación? —¿Es que eso puede ayudarte? —Entonces ¿para qué sirve la Torá? —¿Es que eso puede ayudarte? —¿Qué dice, rabino? —Si eso te importa tanto es que eres un verdadero judío. Puedes entonces meditar y reflexionar sin temor». En cuanto a Yaakov Yitzjak de Psiskjé, él dijo: «No existe un principio en la manera de servir a Dios. Y ese principio en sí mismo no es un principio»."

Entre el público reinaba un silencio impresionante.

Las verdaderas riquezas

El rabino decidió romperlo con una última enseñanza sobre las verdaderas riquezas.

—La mayor tentación para la humanidad es convertirse en prisionera de sus riquezas. Al respecto, si alguna vez buscan un banco para confiarle sus bienes, puedo darles la dirección de mi tío... pero tendrán que esperar el final del encuentro.

Un gran estallido de risa distendió la atmósfera.

—Le plantearon al rabino Mijal de Zlotchev una pregunta embarazosa: "Usted es pobre, rabino. Sin embargo, todos los días agradece a Dios que atienda sus necesidades; ¿no es eso una mentira? —En absoluto. Para mí la pobreza es una necesidad". Y el rabino Nahum de Chernobyl, ciudad hoy tristemente célebre, decía no sin humor: "Me gusta la pobreza. Es un regalo que Dios hace al hombre. Un verdadero tesoro. Y que no cuesta caro".

El rabino se sentó bajo un diluvio de aplausos. Al cabo de las horas, el público se animaba más espontáneamente a expresar sus sentimientos. Lo cual regocijó al Sabio.

Confrontaciones

El moderador primero dio la palabra a alguien del jurado, para evitar frustrar una vez más a sus miembros. Una mujer se precipitó en el debate:

—Señor rabino, me ha deslumbrado. Su dicción, su humor, su inteligencia, son una fiesta para el espíritu. Pero, con franqueza, debo decirle que su fuego de artificio me deja perpleja. Al final de su exposición, sigo sin saber qué es la identidad judía. Que se pueda ser judío y no practicante, lo entiendo fácilmente. Pero que se pueda ser judío y ateo, y aun judío y antijudío me supera.

La cuestión judía

Una amplia sonrisa iluminó la cara del rabino:

—La "cuestión judía", la de su identidad, origen y por qué, es LA cuestión que obsesiona desde siempre a mi pueblo. Se cuenta que un barco, con científicos de renombre a bordo, encalló. Al llegar a tierra, esos cerebros descubrieron que en su nuevo espacio sólo vivía una manada de elefantes. Para no perder su agilidad intelectual, cada uno se puso a realizar una investigación. El científico francés se interesó por el tema "La vida amorosa de los elefantes"; el estadounidense redactó un informe titulado: "Cómo duplicar su manada de elefantes en seis meses"; el alemán redactó una tesis sobre "La filosofía de los elefantes de Hegel hasta hoy". El judío consagró toda su energía al tema "Los elefantes y la cuestión judía".

"¿Qué es «ser judío»? La palabra «judaísmo» viene de una raíz hebraica que quiere decir «dar gracias a Dios». Pero sirve para designar también a un país, Judea, como a sus habitantes, los descendientes de la tribu de Judá, los judíos. André Chouraqui, para evocar la identidad judía, habla de una «trinidad», la que une un Mensaje, un Pueblo y una Tierra.

"El Mensaje es la Torá, recapitulada en el «Shema Israel»: «Escucha, ¡oh Israel!, yhwh, nuestro Elohim, yhwh uno, y amarás a yhwh, tu Elohim, con todo tu corazón, y con toda tu alma, y con todas tus fuerzas. Y estas palabras que yo te doy en este día estarán estampadas en tu corazón. Y las enseñarás a tus hijos, y en ellas meditarás sentado en tu casa, y andando de viaje, y al acostarte, y al levantarte. Átalas como signo en tu mano. Y estarán en diadema entre tus ojos. Y las escribirás en las jambas y en las puertas de tu casa» (Deuteronomio 6, 4-9).

"El recitado de esta confesión de fe en hebreo contiene doscientas cuarenta y ocho palabras que, según nuestros sabios, corresponden a los doscientos cuarenta y ocho órganos del cuerpo humano. De esta manera, un recitado diario es fuente de salud. Sepan, de paso, que es a causa de este texto, entre otros, que los judíos practicantes utilizan *tefillin* o filacterias, pequeñas cajas cuadradas que contienen versículos de la Biblia, y las atan a su frente y a sus brazos durante la plegaria matinal. Las palabras del «Shema Israel» están también inscritas en una *mezuza*, un símbolo religioso colocado sobre el montante derecho de la puerta de la casa.

"En cuanto a la Tierra, es la de Israel, comprendida geográfica o espiritualmente según las tendencias. Es verdad que muchos judíos ya no observan los mandamientos de la Torá ni se sienten unidos a la «Tierra de Israel». Reinterpretan el Mensaje liberador en un sentido laico —piensen en el socialismo de Marx o en el psicoanálisis de Freud—, pero sin embargo siguen siendo judíos. ¿Por qué? Porque siguen perteneciendo ahora y siempre al Pueblo...

Israel o Palestina, ¿una Tierra com-prometida?

Cuando el jeque oyó al rabino hablar de la Tierra de Israel se irguió en su asiento.

—Judíos y musulmanes —entonces intervino emocionado en la discusión— podrían entenderse mejor si los diferentes "sionismos" políticos y religiosos dejaran de emponzoñar nuestras relaciones. Jerusalén también es una ciudad santa para los musulmanes, y el martirio del pueblo palestino ya ha durado demasiado. Está en el espíritu de la época denunciar a los criminales que se apoyan en el islam para matar y robar. ¿Por qué no se pone la misma energía en condenar a aquellos judíos que hacen lo mismo y que en nombre de la Biblia continúan expropiando y reduciendo a la servidumbre a todo un pueblo?

Durante una fracción de segundo un odio violento restalló en los ojos del rabino, pero desapareció enseguida debido a un esfuerzo de control por su parte. Como si se hubiera tocado una herida todavía abierta, luego rápidamente disimulada.

—El problema de los palestinos y la cuestión de los "sionistas" son temas espinosos. Desde las promesas hechas a Abraham, Isaac y Jacob, los judíos siempre se han sentido en corazón y espíritu unidos a esta tierra. El mismo Rachi pudo decir: "Un israelita fuera de Tierra santa es como si no tuviera Dios". Imaginen que Arabia Saudí un día fuera conquistada por enemigos del islam. ¿Creen sinceramente que después, digamos, de dos mil años de ocupación, los musulmanes podrían olvidarla y no anhelar con todo su corazón volver a ella? Y esto incluso si algunos sufíes los invitaran sin cesar a "espiritualizar" La Meca y la Kaaba.

El jeque permaneció pensativo.

—Para los palestinos —continuó el rabino—, los judíos son una "espina". Nuestra llegada en gran número desde hace un siglo los ha desestabilizado. Arrancaron de sus manos esta tierra que consideran como suya y a menudo con una violencia injustificada. Pero de la misma manera los palestinos son una "espina" para los judíos. En el libro de los Jueces está escrito: "Así, el furor del Señor se inflamó contra Israel, y dijo: «Por cuanto esta gente ha invalidado el pacto que yo había hecho con sus padres, y se ha desdeñado de escuchar mi voz, Yo no exterminaré las naciones que dejó Josué cuando murió». Porque quiero experimentar si viviendo los hijos de Israel entre ellas, siguen o no el camino del Señor y andan por él, así como lo siguieron y anduvieron por él sus padres" (2, 20-22). Dios hubiera podido "desalojar" o "realojar" a esos primeros ocupantes. Pero no lo hizo. Se convirtieron en "espinas" (Josué 23,13) queridas por el mismo Dios para que el pueblo de Israel no se convirtiera en idólatra al adorar a su nación, su poder militar, sus derechos... La tierra no pertenece ni a los judíos ni a los palestinos, sino sólo a Dios y él la presta a quien quiere. "Por cuanto es mía [la tierra] y ustedes son advenedizos y colonos míos" (Levítico 25, 23). En uno de nuestros salmos se dice: "Los humildes poseerán el país y gozarán de una paz total". En el Corán, esto se recuerda porque puede leerse: "Cierto, hemos escrito en los Salmos, después de la amonestación, que mis servidores píos heredarán la tierra" (21, 105). Y en el Evangelio de los cristianos, Jesús enseñó: "Bienaventurados los mansos, porque ellos poseerán la tierra" (Mateo, 5, 5). Dios presta la tierra a quien quiere. Esto significa: a los humildes, a los justos y a los mansos. Y si estos locatarios dejan de serlo, Dios vela él mismo para que "la tierra arroje a sus moradores" (Levítico 18, 25), tanto judíos como palestinos. Todos, pues, estamos condenados a la justicia.

¿Hacia un doble reconocimiento?

—Ya que acaba de citar a Jesús —dijo entonces el doctor Clément—, desería escucharlo un poco más al respecto. La historia de las relaciones entre cristianos y judíos es... horrorosa... La suma de la miseria que las iglesias cristianas han hecho sufrir a su pueblo es indescriptible. Tengo vergüenza por eso y no sé cómo pedirle perdón...

Visiblemente herido por ese pasado terrible, el cristiano bajó la voz y los ojos.

—¿Qué no se ha dicho a propósito de ustedes? —continuó—. Gregorio de Nisa los llamaba "los deicidas, asesinos de los profetas, los que luchan contra Dios y lo odian, transgresores de la ley, enemigos de la gracia, ajenos a la fe de sus padres, abogados del diablo, calaña de víboras...". Y Lutero escribió respecto a ustedes: "Primero, que se incendien sus sinagogas y sus escuelas [...]. Y que se haga esto para la gloria de nuestro Señor y de la cristiandad, para que Dios vea que somos cristianos y que no hemos querido ni tolerado que se blasfemara, calumniara y renegara de su Hijo. Y ya que Dios nos perdona lo que por ignorancia hemos tolerado (yo mismo no lo supe). [...] Segundo que destruyan también sus casas [...] para que sepan que no son los señores en nuestro país, como se jactan de serlo, sino miserables y cautivos, como se quejan sin cesar ante Dios". Cuando Herzl visitó al papa Pío X para buscar su apoyo, la respuesta recibida no pudo ser más clara: "Los judíos no han reconocido a Nuestro Señor. Por eso no podemos reconocer al pueblo judío". Gracias a Dios, desde el Concilio Vaticano II, las mentalidades han cambiado mucho.

—¿Cómo responderle en pocas palabras a propósito de Yosé ben Yehudá? La opinión judía sobre él puede resumirse en estas palabras del rabino Stephen S. Wise:

> Jesús era un hombre y no Dios,
> Jesús era judío, no un cristiano;
> Los judíos nunca rechazaron a Jesús, el judío;
> Los cristianos, en conjunto y en el fondo,
> no aceptaron a Jesús el judío y no
> lo siguieron.

"Jesús era uno de los nuestros. Su manera de rezar, de enseñar, de vestirse... todo expresa su judeidad. Y sin embargo nos separa un abismo. Nosotros los judíos esperamos todavía la venida del Mesías. ¿Por qué? Porque creemos que su venida nos librará de todos los sufrimientos. Un día anunciaron a un rabino que había llegado el Mesías; éste simplemente miró por la ventana y comprobó que nada había cambiado, y supo que el Mesías todavía no estaba allí.

—Pero en este punto, ¿estamos tan en desacuerdo? Por error, los cristianos han concentrado su fe en la anterior venida del Mesías; como ustedes, esperamos la plenitud de su presencia.

—Tal vez. Pero para nosotros es difícil aceptar que Dios en su amor se volvió hacia nosotros en ese hombre. En efecto, ¿cómo reconocer en Jesús a *Emanuel* —Dios con nosotros— mientras sus portavoces no han dejado de dar testimonio, en lo que a nosotros se refiere, a un Dios contra nosotros?

Christian Clément comprendía muy bien las reticencias del rabino.

—Reconocido lo cual —continuó este último—, desde que la Iglesia ha dejado de rechazar al pueblo judío, el pueblo judío ha dejado de rechazar a Jesús. Hasta hay una especie de moda en Israel en torno a su persona: nunca se le dedicaron tantos libros. El profesor León Askenasi, conocido con el nombre de "Manitou" ha escrito un artículo notable en el que recuerda la idea de que habría dos tipos de mesianismo: uno según *Judá* y otro según *José*. En la genealogía de Jesús que se encuentra en el Evangelio de Mateo (1, 2), se dice que el patriarca "Jacob engendró a Judá y a sus hermanos", entre ellos José, lo recordará, el hebreo que sirvió al faraón para intentar santificar la civilización egipcia. Al final de esa genealogía (1,16), se dice que otro "Jacob engendró a José, esposo de María, de la cual nació Jesús, llamado Mesías". No es baladí que el padre de Jesús lleve el nombre de José, y que sea hijo de un Jacob. Todo lector familiarizado con la Biblia sabe que José es el hebreo que se hizo egipcio, por lo tanto testigo de Dios entre los paganos, mientras que Judá es el patronímico del pueblo hebreo que salió de Egipto (Salmos 114,1-2), por lo tanto, testigo de Dios aparte de los paganos. O sea que habría dos tipos de "diáspora" de los hijos de Jacob, dos maneras de ser del pueblo de Israel: una según los "hijos de José", entre los paganos para santificarlos, la otra según los "hijos de Judá", aparte de los paganos para recordar la santidad de Dios. Jesús, hijo de *José*, expresaría entonces una manera de ser Mesías *según José* entre las naciones; mientras que el pueblo judío, en tanto hijo de *Judá*, habría seguido fiel a un mesianismo *según Judá* esperando todavía la plenitud del reino mesiánico. Estos dos mesianismos dejarían entonces de ser antagonistas para convertirse en complementarios.

Esta explicación, un poco ardua, dejó pasmado al doctor Clément. Nunca había escuchado a un judío que, manteniéndose *judío*, llegase tan lejos en el camino del acercamiento.

—De manera contraria a los musulmanes, los judíos podemos aceptar que Jesús sea "hijo de Dios". Estas palabras quieren decir que es una criatura de acuerdo al proyecto del Padre creador. Lo que nos plantea un problema es la inversión del título en Jesús como "Dios Hijo".

¿Un Dios Padre y Madre?

—Permítame preguntarle —intervino entonces el swami—, ¿por qué los judíos —como los musulmanes— tienen tantos problemas en aceptar que Dios se revele a través de un humano? ¿Y por qué designan siempre a su Dios como el "Padre" cuando dicen que ha hecho al humano a su imagen, masculino y femenino? ¿No podrían llamarlo también su "Madre"?

—Espero que nuestros debates teológicos no aburran al público... Pero responderé con gusto a sus preguntas. Para los judíos, el Creador supera infinitamente a la creación. Afirmar de esa manera su trascendencia es rechazar cualquier liberación fundada en él y también cualquier liberación en su nombre sobre los demás. La historia desdichadamente nos confirma que la mayoría de las atrocidades cometidas en nombre de las religiones ocurrieron cuando esta distancia ya no se respetó. El *"Gott mit uns"* —"Dios con nosotros"— escrito en los cinturones de los soldados alemanes es la expresión más perversa de poder religioso. Dios puede estar *con nosotros*, a condición de que él pueda también estar *contra nosotros*.

De pronto, el rabino lo relacionó con lo que él le acababa de decir al cristiano. Se preguntó si la terrible hostilidad de las Iglesias respecto de los judíos y la profunda enemistad de los judíos hacia las Iglesias no tenían una fuente común en Dios. Como si el Padre Creador corrigiera a sus dos hijos el uno por el otro. ¿Pero a qué precio?, se preguntó. Dejando de lado sus lucubraciones interiores, volvió al tema planteado:

—En cuanto a la terminología masculina aplicada a Dios, usted tiene razón al decir que es en parte inadecuada. Este lenguaje sexuado ha sido utilizado por los hombres religiosos, los varones, para dominar a las mujeres. En nuestros textos, numerosos autores se refieren a un lenguaje materno, aun maternal, para hablar de la ternura de Dios: "Como una madre acaricia a su hijito, así yo los consolaré a ustedes...", dice Dios a través del profeta Isaías (66,13). Mientras que el "Padre" está claramente diferenciado de su hijo, una "Madre", al menos durante la gestación, no lo está. Se utilizó un lenguaje masculino para preservar esta exterioridad, esta santidad de Dios. Sin embargo, hay que saber que los judíos nada pueden decir sobre Dios en tanto tal; sólo pueden expresarse a partir de su propia Palabra. Dios en sí es incognoscible. Es a partir de sus refracciones en la Revelación y de sus relaciones con el hombre y el mundo que puede balbucir algunas cosas. Nombrar es dominar. Y Dios excede siempre nuestros discursos y nuestras conciencias.

Un Dios que libera y que ama

El monje Rahula salió de su silencio:
—Si comprendo bien el judaísmo, fuente primera de las religiones cristiana y musulmana, Dios es el Creador del mundo y esta creación es *buena*. Buda era reticente a la idea de que un Creador bueno fuera el fundamento del universo. En principio porque la experiencia humana no es la de un mundo *bueno*, sino más bien de interacciones muy a menudo frustrantes, y luego porque postular un Dios que dice "yo soy" contradice la experiencia de la impermanencia de todo. El budismo se niega a especular sobre un Dios hipotético, porque dicha hipótesis en sí misma ya aparta al hombre de lo que debe ser su único objetivo: poner todo en juego para vivir la liberación.
—Es verdad que nuestras dos visiones del mundo son opuestas. Para nosotros, Dios se revela como un "yo soy" que permite al hombre decir: "Yo soy". Creemos que cada ser es único y toma su existencia de Aquel que hace ser. Mientras que para ustedes las identidades parecen disolverse en un misterio indefinible, para nosotros el misterio de Dios da su identidad a cada criatura. Sin embargo, al igual que ustedes, creemos en la *liberación* y en la *libertad*. Las cargas del mundo —sean el mal, la enfermedad o la muerte— no son pesos que deban siempre aplastarnos. Reconocer que Dios es el Creador del mundo es decir que no es su esclavo, que lo domina y lo orienta para nuestro bien. Cualquier fatalidad es rechazada. De la misma manera, Buda ha rechazado cualquier pesimismo que ate al hombre a su *karma* o al sufrimiento. Otro punto en común, es la misma fe en la *interdepen-*

dencia de todas las cosas. Pero mientras ustedes permanecen en silencio sobre el Soporte o el Más Allá de esta interdependencia, nosotros vemos en ella el proyecto de amor de Dios. Samson Raphael Hirsch ha escrito: "Así un gran lazo de amor, que une a los que dan y a los que reciben, impide a cualquiera ser por sí mismo, todo es sólo interacción, interdependencia para el individuo y el grupo. Ninguna fuerza que guarde algo puede estar sola, ninguna fuerza que no recibe puede dar. Cada ser da, y recibe al dar, el perfeccionamiento de su finalidad. ¡Eh! el amor, dicen los Sabios (Beréshit Rabba 80,12), el amor que lleva y es llevado, ésa es la palabra maestra de la creación del universo. *Amor*, ésa es la palabra que toda cosa te inspira".

Alain Tannier, esta vez, tomó la palabra en último lugar:

—Me siento muy cerca del monje Rahula y sus argumentos me dejan con deseos de escuchar más. Ya que habla de amor, me gustaría volver sobre lo que ha dicho a propósito de los lazos entre el amor sexual y el amor espiritual. ¿Nunca se preguntó si esa hermosa simbiosis no era simplemente una *sublimación* muy espiritualizante de pulsiones biológicas? Decir que Dios ha creado la sexualidad ¿no es una manera de sacralizarla, de ponerla aparte, cuando se trata de una ley de casi toda la naturaleza?

—La sexualidad, tiene razón, no es exclusiva del hombre —respondió el rabino—. Pero el humano es el único "animal" que puede darle un sentido a lo que hace y debatirlo como lo hacemos hoy nosotros. En su pregunta creo discernir otra: ¿todo nuestro discurso sobre Dios no es simplemente una proyección de nuestros sueños? Un hindú tal vez le preguntaría: "¿Y si la existencia humana no es más que el sueño de Dios, cuya salvación consiste en ser despertado?". Como judío —y, por cierto, mis primos en la fe, los cristianos y musulmanes, no me desmentirán—, diría que la gran opción que se presenta al ser humano es la siguiente: elegir entre lo revelado o lo soñado. Sabiendo muy bien que, en lo revelado, el sueño humano no está ausente.

El rabino volvió a su lugar. Su rostro fatigado desalentó cualquier nueva pregunta. El Sabio puso entonces fin al encuentro y deseó a todos que aprovecharan la tarde libre. En efecto, los comerciantes del país habían presionado a los organizadores para que dejaran tiempo libre a los numerosos espectadores del torneo. Pretendían así participar en los "beneficios" de un acontecimiento de tal índole. Ciertamente, el elogio de la pobreza que había hecho el rabino no era la mejor publicidad que hubieran podido esperar; pero como el camino de la teoría a la práctica puede ser muy sinuoso y largo, los comerciantes no tuvieron que preocuparse.

—Señoras y señores, aprovechen esta tarde para descubrir esta región del reino. Mañana nos espera una larga jornada. Después de la exposición del participante cristiano, el jurado deberá deliberar y elegir la mejor de las religiones para nuestro país. Su tarea no se presenta fácil.

El Bufón, también él extenuado por tantas emociones y discursos, se volvió hacia el Sabio:

—¡Genial el rabino! Especialmente lo que dijo sobre el sueño y lo revelado. Nuestro Rey sólo piensa en lo revelado en el sueño. A mí lo que invariablemente me maravilla y me salva la noche es cuando sueño con copas y ravioles...

Pero esa noche el Bufón comió otra cosa. En efecto, con el Sabio y los seis posibles ganadores fue invitado a palacio. A la mesa del Rey.

La investigación

Durante todo el día la policía del reino había estado en efervescencia. Con extremo cuidado habían hecho analizar la carta con las amenazas y el solideo que les dio el rabino. En la carta, habían reconocido las huellas digitales del jeque, de Amina y del Sabio e incluso consiguieron aislar los rastros de un guante. En cuanto a la escritura, no pertenecía a ninguno de los musulmanes detenidos. Por otra parte, muchos de ellos ni siquiera hablaban el árabe utilizado, que era de origen indonesio o paquistaní. La mayoría conocía el árabe coránico, pero de eso a escribir esa carta había un abismo. Y lo más desconcertante era el solideo. Los análisis no descubrieron ninguna huella identificatoria fuera de la del... rabino. Los especialistas eran unánimes: el objeto había sido cuidadosamente lavado para que desapareciera cualquier signo, huella, cabello o película. Estudiaron todas las hipótesis pero ninguna permitía que la investigación avanzara.

¿El criminal era de un país extranjero o un nativo? ¿Era alguien del público o una persona ajena al torneo? Los policías hasta habían considerado la posibilidad de que el culpable fuera alguien del jurado y aun uno de los delegados. ¿Pero por qué motivos habría intentado atacar a Amina? Paradójicamente las sospechas empezaron a focalizarse en el jeque y en el rabino. ¿No tenían interés ambos en que este asunto denigrara la religión de su competidor? Quien más les intrigaba era el rabino. ¿Por qué sólo él no había ido al espectáculo? ¿Y por qué en el solideo sólo estaba la huella de sus dedos? ¿Y si fuera él quien había maquinado todo para hacer creer en un atentado y que uno de sus compatriotas fuera su cómplice? Luego, con una estratagema suprema, él mismo habría depositado un símbolo judío para que imaginaran que un no judío había intentado acusarlo... Su inteligencia tan sutil seguramente era capaz de imaginar tales perversiones. Decidieron que, hasta el final de las justas, los delegados serían vigilados con atención por agentes de paisano.

En la comisaría, los sospechosos judíos y musulmanes alegaban su inocencia vehementemente. Varios habían amenazado con contactar con su embajada si se prolongaba la detención. El responsable de la investigación no se atrevía a correr el riesgo de ponerlos en libertad. Decidió entonces consultar con el ministro del Interior, quien a su vez le hizo llegar una carta al Rey.

Cena en palacio

En la residencia real se había preparado todo hasta en los menores detalles para que la comida conviniera a cada uno de los invitados. Lo más extraño era ver a esos hombres, que habían hablado de la pobreza y del desprendimiento con tanta elocuencia, sentados a la mesa en un marco tan suntuoso comiendo manjares tan refinados. Es verdad que Rahula había pensado no aceptar la invitación. En efecto, como monje budista, no comía nada después del mediodía. Pero para no ofender inútilmente al Rey decidió participar en la velada. En cuanto al swami, se había tranquilizado al recordar las palabras de uno de sus sabios: "Un rey en su palacio puede ser más desprendido que un mendigo en su tugurio".

Al final de la comida, el Rey tomó la palabra. Tenía deseos de "recuperarse" de su mediocre actuación del primer día.

—Nobles delegados, es un inmenso honor para mi reino tenerlos entre nosotros. En efecto, cada uno de ustedes se ha consagrado a meditar sobre las cosas esenciales de la vida. Más aún: cada uno es digno heredero de antiguas tradiciones que, durante siglos, se han perpetuado para aliviar los males de los humanos. Toda la sabiduría multicolor de la tierra está recapitulada en sus personas. Y por primera vez en la humanidad, la quintaesencia de esas experiencias y conocimientos se ha reunido y ofrecido con simplicidad a los demás. Yo mismo, así como el Sabio y el Bufón, hemos tenido extraños sueños...

El Sabio se inclinó con prontitud hacia el Rey y le murmuró al oído:

—Señor, no diga nada por el momento. El participante cristiano todavía no ha hablado.

El Rey sonrió, dando a entender que no lo había olvidado.

—Esos sueños nos conmovieron. Al igual que lo que hemos escuchado de sus bocas. De no ser por los dramáticos acontecimientos de los que la señorita Amina fue desdichada víctima, este torneo habría sido un éxito total. Pero no nos anticipemos. Mañana viviremos una jornada decisiva. Señores, desde ahora, les agradezco sus exposiciones y les deseo buena suerte.

Salvo las últimas palabras relativas al éxito de las justas, inadecuadas en un torneo de esas características, el Rey no había estado del todo mal. Y lo sabía. Aprovecharon los aplausos para hacerle llegar la carta del ministro. Después de leerla el Rey se la tendió al Sabio. ¿Había que liberar a los sospechosos? Ése era en esencia el contenido de la misiva. El Sabio aconsejó al Rey que planteara de inmediato la pregunta a los delegados. Después de la consulta, se decidió por unanimidad que los sospechosos judíos y musulmanes debían quedar en libertad y ser vigilados estrechamente. Por otra parte, de común acuerdo, no les prohibirían el acceso a la gran sala del claustro: como todos los asistentes serían registrados a la entrada, el riesgo de un atentado sería mínimo. La velada terminó relativamente pronto y cada uno regresó a su domicilio. El monje Rahula meditó un poco más de tiempo que de costumbre; de corazón se unió a los millones de budistas que en el mundo celebraban la fiesta de Vesakha. Los otros participantes se acostaron sin demora. Excepto el rabino. Desde múltiples ángulos volvió a reconsiderar su exposición de la tarde: lamentó la omisión de varias aseveraciones importantes. Esa noche se sentía especialmente solo. El recuerdo del contacto de su cuerpo con el de Amina, la víspera, lo estremeció; su presencia en la habitación de al lado se le hizo insoportable. Para calmarse salió a pasear por el parque. En el cuarto de su vecina todavía estaba encendida la luz. El rabino por un instante creyó vislumbrar la silueta de la joven oculta detrás de la cortina. Como si lo espiara. Como si lo esperara. Presa de sus emociones, David no se dio cuenta de que un policía de paisano lo seguía y observaba hasta sus menores gestos. Al volver a su cuarto, la mano del rabino acarició la puerta de Amina. Inmediatamente avisaron al responsable de la policía...

LA EXPOSICIÓN DEL CRISTIANO

Después del desayuno todos fueron al claustro. Los registros retardaron el comienzo del encuentro. El Sabio recordó a todos cuál sería el programa de la jornada y dio la palabra al doctor Clément. Al ponerse de pie se sorprendió porque el público era menos numeroso que la víspera. Según los observadores, leería más tarde, esta disminución se debía al hecho de que muchos habitantes del reino estaban persuadidos, dado el pasado cultural y religioso del país, de que ya conocían el cristianismo. Y por tanto no sentían la necesidad de consagrar tiempo a esta nueva y última presentación. La escasa asistencia hirió a Christian Clément. Como dudaba a menudo de sí mismo, lo sintió como algo personal. Su invocación interior por estar inspirado fue mucho más ferviente.

—Majestad, señoras y señores, no sé si es una ventaja o un inconveniente ser el último en hacer uso de la palabra. Muchos de ustedes deben de estar saturados por todos los hermosos pensamientos que ya se han ofrecido a nuestra meditación. Espero que les quede un pequeño espacio para acoger lo que quiero compartir con ustedes.

En la entonación y la manera de actuar del cristiano había una fragilidad evidente que irritaba a unos y atraía a otros.

Un camino de la cruz

—Permítanme que, como el jeque Alí ben Ahmed, empiece por narrarles algunos episodios de mi vida. La franqueza de las diferentes contribuciones me ha alentado a adoptar también un lenguaje más personal.

"Nací en Suiza, en un medio bastante acomodado. Mi padre se decía protestante, sin participar en la vida de la iglesia, y mi madre es una católica ferviente. En mi juventud, varios dramas sacudieron mi vida..."

La pausa del doctor Clément estaba marcada de profundidad y tristeza.

—De manera bastante brutal mi padre perdió su trabajo... y durante años estuvo desocupado. Para ser más preciso, se *perdió* en la desocupación. En un país donde el valor de un individuo se mide por su "producción" social, el sufrimiento de mi padre era terrible. Poco a poco se convirtió en alcohólico y nuestra vida familiar, hasta entonces superficialmente armoniosa, se inclinó hacia el infierno. Mis padres ya no dejaron de pelear. Mi padre se vengaba... engañando a mi madre. Nos sentíamos impotentes. En mí creció el odio contra mi padre, contra la sociedad que le negaba el trabajo, contra los extranjeros que sí lo tenían en mi país. A través de amigos descubrí una asociación de nacionalistas que pregonaban ideas neonazis; sus propósitos eran como un bálsamo para mi corazón desgarrado. Más tarde, me puse en contacto con grupos que practicaban el ocultismo y la magia. Nos reuníamos en el mayor secreto para juntar fuerza y hacer embrujos a los que nos molestaban. Una vez invocamos al diablo; se produjeron unos acontecimientos sobrenaturales que todavía hoy no me explico. Estábamos fascinados y... traumatizados. Había en mí al mismo tiempo rabia de vivir y pensamientos cada vez más suicidas.

"Mi madre, herida en su vida de pareja y de familia, sentía nuestras desviaciones. Y asombrosamente no perdió su fe en Dios, siguió rezando por nosotros. Un día conocí a un cristiano de una Iglesia protestante independiente. Me habló de Jesús, que puede «salvarnos», liberarnos de nuestros odios y ofrecernos una «vida nueva». Sin saber por qué, yo odiaba las Iglesias y sus mensajes. No quería oír hablar de su Jesús; sin embargo, acepté el Nuevo Testamento que me dio. Varios meses más tarde, cuando me hundía en el pozo de la desesperación, una palabra de ese joven me vino a la memoria. Jesús había afirmado: «Pidan y se les dará; busquen y hallarán; llamen y se les abrirá. Porque todo aquel que pide, recibe y el que busca, halla, y al que llama, se le abre. ¿Hay por ventura alguno entre ustedes que, pidiéndole pan un hijo suyo, le dé una piedra? ¿O que, si le pide un pez, le dé una culebra? Pues si ustedes, siendo malos, saben dar buenas cosas a sus hijos, ¡cuánto más su Padre celestial dará cosas buenas a los que se las pidan!» (Mateo 7, 7-11).

"¿Cómo creer que un Padre celestial podía ser bueno conmigo cuando mi propio padre terrenal había llegado a tal degradación? Lo peor que le puede suceder a un joven es perder la estima por sus padres. Estaba abocado al suicidio o a intentar ese socorro. Con poca fe, recé a ese Dios desconocido «en nombre de Jesús», como me había enseñado el cristiano. De momento nada pasó. Y casi me sentí aliviado. Pero, durante las semanas que siguieron, me di cuenta de que algo había cambiado. Como si en mi oscuridad se hubiera encendido una pequeña luz. Un día me conmovió una imagen. Me vi en una prisión sombría, chorreando humedad y con olor a moho. Un hombre luminoso atravesó las rejas y colocó una pequeña vela en mi celda. Tomándome en sus brazos, me abrazó y me dijo: «Yo soy la luz del mundo». Al lado de la vela depositó una pequeña llave y se volvió invisible. Comprendí que esa llave era la de mi prisión. Durante semanas estuve como paralizado: no quería salir de ella. O tal vez no tenía la fuerza. Una voz socarrona me susurraba sin cesar: «Estás acabado...». Pero al mismo tiempo sabía que me habían dado una llave.

"No quiero abusar de su paciencia. Sepan que empecé a frecuentar la Iglesia evangélica del joven del que les hablé. Allí rezaron por mí y expulsaron a las fuerzas demoníacas «en nombre de Jesús». Poco a poco, reencontré mi armonía interior, una lucidez y una paz que nunca antes había conocido. Entonces empecé estudios de teología protestante. Al cabo de los años me distancié de la Iglesia que me había acompañado. ¿Por qué? Admiraba la fe de sus miembros, pero algunas de sus limitaciones me resultaban difíciles de soportar. Por mis estudios, descubrí la complejidad del mundo, la riqueza de los textos bíblicos, las diferentes facetas de la historia de las Iglesias. Estaba fascinado por la ortodoxia y el catolicismo. Fui entonces a Roma, al Instituto Pontificio, a hacer una tesis doctoral sobre la historia reciente del ecumenismo desde el Concilio Vaticano II. En un momento dado, pensé en hacerme católico. Pero como me sentía atraído por varias confesiones, elegí seguir protestante, actuando con todo mi corazón por la unidad de las Iglesias. Desde hace cuatro años enseño en el Instituto Ecuménico de Bossey, cerca de Ginebra. Como tal vez lo saben, este instituto está vinculado al Consejo Ecuménico de las Iglesias y trata de formar a los responsables ecuménicos de mañana, sean ministros o laicos.

El doctor Clément hizo un momento de pausa. Como si dudara en continuar con su testimonio, pero luego prosiguió:

—El rabino dijo ayer que el cristianismo era tal vez la religión de la revelación. Aunque los primeros discípulos hayan sido llamados "adeptos de la Vía", o sea del camino, son ellos quienes dan testimonio con su vida de la acción de una fuerza de resurrección, de volver a ponerse en pie. Incluso, y sobre todo, cuando las caídas son dolorosas..."

Y entonces dijo casi en un murmullo:

—Cuando mi hijo de dos años murió en un accidente de auto, me sentí amputado. Todavía hoy sangra mi herida. Pero la vida continúa y sé, gracias a Cristo, que el día de los grandes reencuentros está próximo.

Al escuchar esto, Alain Tannier sintió que crecía en él la emoción. Como si fuera ayer se acordó de la muerte de su propia hija, once años antes. De los indescriptibles sufrimientos. Su impotencia de entonces y el silencio de "Dios" tenían mucho que ver con su ateísmo actual.

El fundador del cristianismo

—¿Cómo presentarles el cristianismo? En número, es la religión más importante de la humanidad, con más de mil millones y medio de adeptos. Pero, como me decía un amigo, hay tres tipos de mentiras: las pequeñas mentiras, las grandes mentiras... y las estadísticas.

El estallido de risa de la asamblea era benéfico después del grave testimonio del cristiano.

—Las cifras casi nada revelan, como no sea la extraordinaria diversidad de los contextos en los que viven las Iglesias. El centro de gravedad del cristianismo ya no está en Europa, sino que se ha desplazado hacia América latina, África y aun algunas partes de Asia. A esta extensión geográfica hay que agregar el despliegue temporal. ¿Qué tienen en común los primeros cristianos de Palestina, Asia Menor o del norte de África y los que hicieron la historia de Europa y América? ¿Cuál es el punto en común entre aquel pequeño puñado de discípulos en Jerusalén, hace dos mil años, y esas multitudes en los cinco continentes que llevan con orgullo el nombre de "cristianos", sean católicos, ortodoxos o protestantes? Más allá de las veladuras a veces opacas de sus instituciones humanas, terriblemente humanas, hay un corazón que nos hace palpitar a todos. Y ese corazón es la persona de Jesús de Nazaret, que reconocemos como Cristo, como el Mesías.

"Mientras judíos y musulmanes se definen en su actitud con relación a Dios *dándole gracias* y *sometiéndose* a él, los cristianos encontramos nuestra identidad recibiendo como regalo de Dios a la humanidad, a Jesús, su Bienamado.

"¿Hace falta recordarlo? Jesús era en principio un judío. Vivió con los suyos al comienzo de la era que en adelante lleva su nombre. Desde siempre —¿o fue poco a poco?— se supo enviado privilegiado de Dios. Su oración era judía, su ropa era judía, su enseñanza era judía... pero todo era potencialmente "exportable", "universalizable". Lo que sabemos de él se resume en poco. Dejando de lado algunas referencias en historiadores como Tácito, Suetonio o Plinio el Joven, nuestro conocimiento de la fe de los primeros cristianos tiene sobre todo origen en fuentes cristianas. Esto no deja de plantear problemas para los escépticos. Lo esencial de nuestra comprensión viene, pues, de lo que llamamos el "Nuevo Testamento", conjunto de escritos que ha venido a completar, confirmar o terminar la enseñanza de la Biblia judía, llamada tal vez por error "Antiguo Testamento": convendría más el nombre de "Primer Testamento". Formado por cuatro Evangelios —o relatos de la "Buena Nueva"— que cuentan de manera colorida quién era Jesús a los ojos de los que estaban cerca de él, así como de otros veintitrés escritos, cartas o enseñanzas, el Nuevo Testamento es el libro más traducido del mundo... Con el Primer Testamento, que seguimos leyendo, forma la Biblia cristiana, cuyo centro es la acción liberadora de Dios, por Israel —su "hijo primogénito" (Éxodo 4, 22)—, por Jesús —su Hijo bienamado (Marcos 1, 11)—, por la Iglesia —sus hijos e hijas adoptados (Gálatas 4, 5).

"¿Pero quién es Jesús? Esta pregunta es tal vez la más importante que debe plantearse un ser humano. Según los cristianos, hay algo único en él. *Es el único que "resucitó" de entre los muertos*, no "reanimado", porque una persona así sigue esperando la muerte; la "resurrección" es la irrupción de la Vida divina y eterna en la condición mortal de la humanidad. Y Jesús es el único que experimentó esto. Todos los otros mensajeros de Dios, por interesantes y valiosos que sean, terminaron en una tumba. Los otros fundadores de religiones dejaron tras ellos enseñanzas tal vez inspiradas e inspiradoras. Jesús está Vivo mientras yo les hablo y su presencia en acción nos enseña todos los días hasta el final del mundo. Ésa es al menos nuestra convicción más íntima. Y si esto resultara incorrecto, nuestra fe sería vana (1 Corintios 15).

"Si los cristianos están tan unidos a Jesús es porque han descubierto en su persona el misterio de Dios actuando en lo humano y presente de manera oculta hasta en la experiencia del aislamiento, del absurdo, el sufrimiento y la muerte. Jesús es vivido como nuestra *Pascua*, literalmente como nuestro Pasaje por todos los atolladeros. Por su vida, sus amistades y su abandono, su muerte y su resurrección, ha recapitulado la condición de todos los hombres y mujeres. En él, lo divino se ha hecho humano para que lo humano pudiera comulgar con lo divino..."

Ya hacía unos momentos que los delegados judío y musulmán se sentían incómodos; el doctor Clément lo percibió.

—Para los judíos, Dios se revela principalmente en la Torá, transmitida por Moisés, y para los musulmanes en el Corán, que Mahoma habría recibido del arcángel Gabriel. Para los cristianos, Dios se revela sobre todo en la persona de Cristo, de quien los Evangelios son los testimonios inspirados. El cristianismo, pues, es más una religión de la Persona que del Libro.

La gracia y la fe

—Otra diferencia. Mientras las religiones se definen generalmente por un "tener que hacer" o un "hagan esto" —conjunto de preceptos que deben seguirse para agradar a Dios o prácticas que deben realizarse para ser liberado si es posible—, el cristianismo se define en principio por un "ya hecho" o un "esto ha sido hecho", anuncio de todo lo que ya se ha cumplido para nosotros en la persona de Jesús. En su vida, Dios fue el primero en amarnos; en su muerte Dios nos ha condenado y perdonado; en su resurrección, Dios nos ha dado la vida eterna. Y a causa de esos dones, los que siguen a Cristo son capaces de un "hacer" y de una práctica gratuita. El valor de lo humano según Dios no está pues en su fidelidad a una Ley o a un método. Si fuera ése el caso, algunos podrían enorgullecerse del valor de su vida religiosa y despreciar a los otros: "Somos los mejores porque seguimos la Ley divina o el Buen Camino. Los otros son inferiores, porque no los siguen". Según la fe cristiana, el valor de todo ser humano está inscrito en la Bondad original y activa de Dios hacia nosotros, no en proezas o torpezas espirituales. En cierta manera, el cristianismo es la antirreligión. Como lo decía el teólogo Paul Tillich: "La fe es aceptar ser aceptado".

"Dios no se deja engatusar por nuestra piedad tan imperfecta e inconstante. Es soberanamente libre. Y en esta real libertad, está cerca de nosotros. Majestuosamente cercano. Escuchen este texto soberbio de san Agustín que habla de su júbilo de ser amado: «Tarde te he amado, Belleza tan antigua como nueva, tarde te he amado. Tú estabas dentro de mí, y yo, yo estaba fuera de ti. Y allí te buscaba; mi fealdad se lanzaba sobre todo lo que has hecho hermoso. Estabas conmigo y yo no estaba contigo. Lo que lejos de ti me retenía eran cosas que no serían, si no fueran en ti. Me has llamado, has gritado y has acabado con mi sordera; has brillado y tu esplendor puso en fuga mi ceguera; has expandido tu perfume, lo respiré y suspiro tras de ti; te gusté y tengo hambre y sed de ti; me has tocado, y ardo de deseo por tu paz»."

Christian Clément cerró los ojos y una amplia sonrisa iluminó su rostro. Como si gozara en sí mismo de una fuente de alegría.

Una carta fundamental

—Lejos de estar condenado a la pasividad, el cristiano es consciente del amor de Dios hacia él y con todo su ser busca que brille en sus relaciones. Su carta de vida está resumida en una proclama que se llama las "Bienaventuranzas" —las razones y las condiciones de una verdadera felicidad— y que se encuentran en el Sermón de la Montaña (Mateo 5-7). André Chouraqui tradujo de esta manera la versión del Evangelio de Lucas (6, 20-26):

¡En marcha, los humillados! ¡Sí, es de ustedes
el reino de Elohim!
¡En marcha, los que ahora están hambrientos!
¡Sí, serán saciados!
¡En marcha, los que ahora lloran! ¡Sí,
reirán!
¡En marcha, cuando los hombres los odien,
los exilien, los infamen,
y proscriban sus nombres como criminales,
por causa del hijo del hombre!
¡Alégrense en aquel día, dancen de alegría! Miren:
¡su salario es grande en el cielo! ¡Sí,
eso es lo que sus padres hicieron contra
los inspirados.
¡Pero, ay de ustedes los ricos! ¡Sí,
ya han sido reconfortados!
¡Ay, de los que ahora andan hartos! ¡Sí,
estarán hambrientos!
¡Ay, de los que ahora ríen! ¡Sí,
estarán enlutados y llorarán!

¡Ay, de ustedes cuando todos los hombres celebren!
Sí, sus padres hicieron lo mismo con
los falsos inspirados.
Pero a ustedes que escuchan, les digo:
¡Amen a sus enemigos, hagan bien a los que los
odian!
¡Bendigan a quienes los maldicen, oren por los
que los calumnian!

"Lo que amo en Jesús es que fue a la vez un místico que cultivaba su comunión con Dios Padre y un crítico de las injusticias humanas, un enseñante de verdades últimas y un terapeuta de desgarramientos íntimos."

Por el tono de voz del doctor Clément el público sentía cómo el delegado cristiano había sido tocado él mismo por el poder de la curación, que cicatriza sin que se olviden las desgracias sufridas y que fortifica sin erradicar las fragilidades de la vida.

—Nuestro mundo es a la vez un jardín bienhechor y un inmenso campo de batalla. ¡Cuántos heridos a nuestro alrededor! Están todos y todas los que se sienten feos de cuerpo o de corazón, porque ninguna mirada de amor los ha librado del desprecio que sienten por ellos mismos. Están todos y todas los que se sienten aislados y abandonados, porque ninguna comunidad o familia les ha dado un sentimiento de pertenencia. Están todos y todas los que son explotados y privados de sus derechos, porque aprovechados, patrones o especuladores, saben sacar impunemente beneficios inmerecidos de un sistema económico injusto. Pero Cristo no es indiferente a todos esos sufrimientos, muy al contrario. Por nosotros, quiere comunicar la curación y restaurar relaciones felices.

"Un cristiano es, por lo tanto, cualquier persona que deja vivir a Cristo en ella, para su alegría y la de los que están cerca de ella. El apóstol Pablo escribió: «Estoy crucificado con Cristo. Vivo, pero no yo, es Cristo quien vive en mí. Así la vida que vivo ahora en esta carne la vivo en la fe del Hijo de Dios, el cual me amó, y se entregó a sí mismo por mí» (Gálatas 2, 19-20). En el centro de la vida de un cristiano no hay, pues, un libro, ni un hombre, sino Dios, tal como se reveló, y continúa haciéndolo, en Jesucristo."

Un cuadro de síntesis

Christian Clément se levantó entonces y se dirigió hacia un retroproyector. Escribió sobre la transparencia en letras mayúsculas JESUS CHRIST y completó cada letra con las palabras siguientes:

J udío   C rucificado
E lohim   H umano
S alvador   R esucitado
Ú nico   I (e)ncarnado
S olidaridad   S anto Espíritu
                T riunidad

—Como ya he dicho, en pleno acuerdo con el rabino, Jesús no puede ser bien comprendido fuera del mundo judío. Su nombre —Yechua o Yehochua— es judío y quiere decir "Yahvé salva". Su Libro santo, la Torá, es judío. Todos sus primeros discípulos también.

"*Elohim* —como *Alá* en árabe— nos recuerda que Dios es el Ser que gobierna, legisla y juzga. Pero es también y principalmente el *Salvador*, Aquel que en su compasión y su misericordia interviene en la historia porque entiende los sufrimientos de los humanos. Ese Dios es *Único* y *Uno*, y es el que debe ser escuchado y amado. Como probablemente saben, Jesús resumió toda la Ley en estos dos mandamientos del Primer Testamento (Deuteronomio 6, 4-5 y Levítico 19,18): «El primero es: Escucha, ¡oh Israel!: El Señor, nuestro Dios, es el único Señor. Amarás al Señor, tu Dios, con todo tu corazón, y con toda tu alma, y con toda tu mente, y con todas tus fuerzas. El segundo es: Amarás a tu prójimo como a ti mismo. No hay otro mandamiento mayor que éstos» (Marcos 12, 29-31).

"Ya que Dios es *Solidario* con los humanos y hace Alianza con nosotros, estamos llamados a ser solidarios con él, con los otros, con todos los otros, amigos o enemigos, reyes o excluidos, creyentes o no creyentes. Como Jesús fue solidario con Dios su Padre y con nosotros sus hermanos y hermanas. Por eso cada Iglesia local se convierte en una familia de solidaridad en comunión con la Iglesia universal, signo para la humanidad del proyecto de Dios para todos.

"Lo que acabo de decir no debería molestar demasiado a un judío o a un musulmán. Lo que nos diferencia son los atributos de la segunda columna.

"Según los Evangelios, Jesús fue *crucificado*, lo que cuestiona la interpretación habitual del texto coránico. Pero para la fe cristiana es capital. En Jesús, Dios el Hijo conoció la muerte, *como* los otros humanos. No se quedó en la beatitud del cielo, lejos de los horrores de este mundo. No sólo se convirtió en *humano* y conoció la condición humana por su *encarnación*, sino que también estuvo familiarizado con el sufrimiento supremo por su crucifixión. Muerto, *como* los humanos, lo fue *por* los humanos —que no querían escuchar cómo cuestionaba sus abusos de poder— y *para* los humanos. Con su muerte, Jesús se llevó el mal, la enfermedad y la muerte y nos ofreció como don el perdón y la vida eterna.

El Bufón bostezó de manera ostensible:

—Todo esto son tonterías. ¿Cómo la muerte de otro puede liberarme de la mía?

La muerte de Cristo en parábolas

Sin dejarse alterar por la pregunta desdeñosa del Bufón, el doctor Clément le respondió con mucha calma y gentileza:

—Dos parábolas pueden servir como ejemplos. Había una vez un pájaro al que capturaron y encerraron en una magnífica jaula dorada. Su nuevo dueño no quería soltarlo a ningún precio a pesar de sus súplicas desgarradoras y desesperadas. Cansado, el pájaro pidió entonces que al menos comunicaran a su hermano mayor que lo habían capturado. Aceptaron su petición y enviaron a un mensajero. Apenas supo la triste noticia el pájaro mayor murió de pena. El mensajero regresó y le dio la mala noticia al pájaro capturado. Al saberlo, éste a su vez murió de inmediato. Cuando informaron al dueño malevolente de los acontecimientos, no vio la utilidad de conservar un pájaro muerto. Por lo tanto abrió la jaula y se desprendió de su presa. En ese momento preciso, el pájaro se despertó y levantó el vuelo. Posado en una rama alta, dijo: "Cuando me anunciaron que mi hermano mayor había expirado, comprendí que me había indicado el camino para mi liberación". Sólo un muerto está libre del poder de la codicia. De la de los otros como de la que está en él. Para vivir liberado del mal, hay que aceptar morir... Gracias a la "muerte" de su hermano mayor, el pájaro voló libre y feliz.

"Para nosotros, Jesús es el que nos ha enseñado a morir antes de la muerte para vivir ya de la Vida que ha de venir. Al morir a las tentaciones del mundo, dejo de ser su esclavo. Pero Jesús ha hecho más que mostrarnos un camino. Se convirtió en el nuestro.

"Escuchen esta otra parábola. Un juez bueno y justo tenía un hijo al que amaba por encima de todas las cosas. Un día unos gamberros irrumpieron en la ciudad, saquearon los negocios y maltrataron a todos los que trataban de contenerlos; en su locura asesina mataron también a transeúntes inocentes. Atrapados por la policía, fueron conducidos ante el juez. La ley del país era clara: esos gamberros merecían la muerte. En el momento del veredicto, el hijo del juez se puso de pie y dijo: «Esos jóvenes, desde su más tierna infancia, no conocieron el amor de una madre o el apoyo de un padre. Acepta que yo sea condenado en su lugar y adóptalos como tus hijos e hijas. Sólo entonces su vida cambiará».

"Ante la ley de Dios somos todos gamberros. En pensamientos, palabras o actos, hemos codiciado, robado, hurtado, maltratado, brutalizado, asesinado. Por nosotros, Jesús recibió el castigo que nos correspondía. «Pero él mismo tomó sobre sí nuestras dolencias, y cargó con nuestras penalidades; aunque nosotros lo reputamos [...] como un hombre herido por Dios y humillado. Por causa de nuestras iniquidades fue él llagado, y despedazado por nuestras maldades; el castigo del que debía nacer nuestra paz descargó sobre él, y con sus cardenales fuimos nosotros curados» (Isaías 53,4-5). Lutero pudo decir que el mayor asesino, ladrón, adúltero, estafador de todos los tiempos era... Jesús, porque tomó sobre él nuestras faltas y nos dio a cambio su pureza, su inocencia y su justicia."

El Bufón había bajado los ojos y el público mantenía un silencio intenso.

—Así es como Cristo fue *crucificado* por nosotros. Luego fue *resucitado* para que el mundo supiera que el perdón de Dios es mayor que las ofensas y que la vida de Dios es más fuerte que la muerte. A propósito, ¿han observado la luna?...

El Rey y el Sabio se pusieron rígidos en sus asientos.

—Cada mes, desaparece de nuestra vista durante tres noches para reaparecer luego y crecer hasta todo su tamaño. Es un símbolo magnífico del Crucificado: muerto por nosotros, resucitó y reapareció al tercer día para iluminar nuestras vidas. Como Cristo, como la luna, tenemos que aceptar morir, ser aliviados de nuestros agobios y despojados de nuestras codicias, para poder renacer libres y brillantes.

El Rey ya no sabía si debía regocijarse o sentirse desolado, tan difícil le parecía aceptar "morir" para poder "revivir".

Christian Clément terminó su exposición con estas palabras:

—Celebrar al Reencarnado es la fiesta de Navidad; celebrar al

Crucificado es la del viernes santo; celebrar al Resucitado es la de Pascua. Pero todo esto sería imposible sin el apoyo del *Espíritu Santo*, celebrado durante la fiesta de Pentecostés. El Espíritu Santo es la vida de Dios que anima al cristiano y a la Iglesia para hacer crecer en ella la Presencia de Cristo. Su obra es hacernos menos opacos a la luz del Resucitado que ya brilla en nosotros.

"Si Dios Padre está más allá de nosotros y Dios Hijo lo acercó a nosotros, el Espíritu está dentro de nosotros y esta santa *Triunidad* es el misterio central de la fe de todos los cristianos. En el centro de todo está ese misterio magnífico, esa sinfonía inimitable, esa comunión insuperable de Dios tres veces santo. Y según esta armonía divina, hecha de intimidad y de identidades respetadas, suspiran los corazones de todos los humanos que, en vano, la buscan sin Dios, en una pareja o una familia, una comunidad o una nación. La delicadeza y la ternura de Dios se ofrecen a todos. Pero necesitamos acogerlas y *creer* en ellas, confiar y adherirnos a ellas con todo nuestro ser.

"Para terminar, una última parábola del Nuevo Testamento que resume lo que apenas he conseguido balbucir: «Que amó tanto Dios al mundo que no paró hasta dar a su Hijo unigénito; a fin de que todos los que creen en él no perezcan, sino que vivan vida eterna» (Juan 3,16). Muchas gracias por su atención."

Confrontaciones

Durante la pausa reinó una atmósfera cálida, marcada por la cordialidad y la simplicidad. Poco a poco se habían disipado los temores dando paso a una alegre convivencia.

Biblia y Corán

El musulmán fue el primero en interpelar a Christian Clément:

—Entre las religiones del mundo, hay dos que, de manera explícita tienen una estima profunda por el profeta Jesús, que nosotros llamamos *Isa*; paz y salud para él. Los cristianos, por supuesto, están íntimamente unidos a él. Pero nadie debe olvidar que nosotros, los musulmanes, le reconocemos un inmenso valor. "Verbo de Dios", "Mesías hijo de María", "Servidor de Dios": numerosos son los títulos que se le atribuyen en el Corán. Es verdad que no queremos deificarlo porque sería una afrenta imperdonable a la majestad de Alá. Dios no tiene hijo. Es Uno y Único. Pero debo admitir que el Nuevo Testamento, tal como ustedes lo leen, le confiere calificativos que nos son ajenos y hasta nos chocan. Tengo por eso tres preguntas para hacerle. Primera, ¿sus escritos son fiables? ¿Algunos de sus teólogos no han demostrado que eran muy tardíos? Segunda, en teología islámica afirmamos que Jesús anunció la venida de Mahoma. ¿Por qué ustedes no hablan de eso? Y finalmente, ¿cómo explican que en su Biblia los profetas puedan ser tan imperfectos y hasta abandonados por Dios? Para nosotros es impensable.

—Agradezco al jeque estas preguntas tan abiertas y fundamentales. La inspiración de la Biblia y del Nuevo Testamento constituye un tema arduo. Es verdad que no tenemos el original de la Biblia que, le recuerdo, es una vasta biblioteca. Sin embargo, disponemos de unas veinte mil copias antiguas del texto. Algunas son largas y casi completas, como los manuscritos llamados el Sinaiticus y el Vaticanus; éstos datan del siglo IV de nuestra era y contienen casi toda la Biblia, con el Primer Testamento en su traducción griega. Otros son fragmentos mucho más antiguos, como el papiro de Rylands, que data de comienzos del siglo II y que contiene algunos versículos del Evangelio de Juan. Sólo del Nuevo Testamento hay alrededor de cien mil variantes. Esto puede sorprenderlo. Sin embargo, son diferencias de detalle y no cambian el sentido fundamental de los escritos. Con una minuciosa comparación de las diferencias es posible reconstruir un texto muy fiable, reconocido incuestionablemente por todas las Iglesias. Para hacer memoria, le recuerdo que ninguna obra de la literatura clásica, sea griega o latina, ha sido tan contrastada como la Biblia. La obra de Platón, por ejemplo, sólo se conoce por dos manuscritos en mal estado, doce siglos posteriores a su autor. Se acaba de descubrir que los manuscritos más antiguos conocidos del budismo datan de cinco siglos después de la muerte de su fundador...

—El Corán, por el contrario, está bien contrastado —interrumpió el jeque.

—Es verdad que su texto, desde un punto de vista cronológico, está más cerca de lo que Mahoma dijo, aunque los originales sobre los que se transcribió la prédica oral —omóplatos, trozos de pergamino, restos de cerámica...— se han perdido y durante el reinado del tercer califa Utman se realizó un trabajo de armonización y eliminación de variantes consideradas falsas. Dicho esto, una proximidad cronológica no significa inspiración y transmisión infalibles. Puedo transmitir perfectamente los propósitos de una persona, pero esto nada me dice sobre la calidad o la inspiración de esos propósitos. El cristiano tiene confianza en que, si Cristo ha resucitado, también ha velado por la buena redacción y la fiel transmisión de los Evangelios y de las Epístolas que hablan de él.

—¡Pero es un argumento sin valor! —gritó alguien del público—. Para creer que Cristo ha resucitado se basan en los Evangelios... y para creer en el valor de los Evangelios presuponen su resurrección. ¡Es un círculo vicioso!

—¡O un círculo virtuoso! Yo no pido a nadie que crea de manera ciega en el contenido del Nuevo Testamento. Pero para el descubrimiento de esos textos y de sus autores, le corresponde a cada uno concederle su confianza o no. Para los cristianos los textos de la Biblia nacieron de una interacción entre Dios y autores muy diferentes. También consideramos que la Revelación se produce más en las nuevas relaciones con Dios y su prójimo que en un texto. Las Sagradas Escrituras son ante todo testimonios inspirados e interpretaciones fiables de lo que Dios ha realizado y todavía desea realizar, de lo que su pueblo ha experimentado y que también nosotros podemos descubrir. Les recuerdo que la Biblia es el texto sagrado de la humanidad que más ha sido sometido a la crítica de la razón humana, por creyentes *y no creyentes* y que, a pesar de esto, o gracias a esto, sigue siendo digno de confianza. Admito, sin embargo, que no todos comparten este parecer.

Alain Tannier pensó en intervenir, pero se abstuvo.

—En cuanto al anuncio de Mahoma en la Biblia, es un tema de controversia muy antiguo. En el original griego de los Evangelios, se dice que Jesús anunció la llegada después de él de un *paráclito*, o sea, un consolador, un asistente. "Mahoma" en árabe tiene el sentido de "el que es alabado" y, traducido en griego, puede dar *perícluto*. De paso, permítanme expresar mi profunda admiración por el Profeta del islam, porque las primeras palabras del Corán, después de la invocación, son precisamente: "*Alabanza* a Dios" —en árabe: "*el hamd(ou)lillah*" creo—, Mahoma reconoce de esta manera que la alabanza corresponde prioritariamente no a él sino a Dios. Pero para volver a su pregunta, el parecido de las dos palabras en griego ha podido hacer creer a algunos musulmanes que los cristianos transformaron el *perícluto* pretendidamente original en *paráclito*, y esto para no reconocer el anuncio de Mahoma por Jesús. Sin embargo, si se lee todo el Nuevo Testamento, y aun la Biblia, la promesa y la llegada de un Espíritu consolador son evidentes. Habiendo dicho esto, no pienso que podamos cerrar hoy este vasto debate.

En efecto, Alí ben Ahmed no estaba satisfecho.

—Y respecto a su última pregunta, con ella tocamos otra diferencia fundamental. Según nosotros, los cristianos, Dios no libera espontáneamente a sus enviados del sufrimiento ni los purifica automáticamente de sus bajezas. Muchos profetas de la Biblia se presentan con sus múltiples defectos. En lo que se nos parecen. Si son ejemplos para nosotros no es por carecer de faltas sino a causa de la transformación operada por Dios en su vida. Los hombres de la Biblia han vivido la violencia, el adulterio, el odio, el desaliento. Y a causa de esto pueden ayudarnos a superar nuestros propios defectos. Más aún: Dios Hijo eligió ser débil y frágil, rechazado y humillado para darnos el ejemplo de un amor que respeta al otro hasta en su rechazo de ese amor.

Maestro y discípulos

Con pasión, el rabino tomó la palabra:

—¡Respetar al otro hasta en su rechazo! ¡Qué hermosas palabras... y sin embargo tan poco aplicadas por las Iglesias! Aunque Jesús fuera el Mesías yo nunca podré aceptar lo que sus discípulos hicieron en su nombre. No sólo a los judíos, sino también a los pueblos indígenas de África, América y Asia. Por no hablar de las guerras fratricidas entre los mismos cristianos. ¿Dónde está la cohabitación del lobo y el cordero profetizada por Isaías? En la espera de la paz y la justicia, prefiero seguir esperando al Mesías...

Christian Clément comprendió que la violenta reacción del rabino ocultaba vivos sufrimientos que ningún discurso humano puede curar. Superando sus dudas de salir de su silencio, única actitud apropiada frente a un dolor demasiado grande, dijo:

—Entre Jesús y sus discípulos, el Evangelio y las Iglesias, a veces hay un abismo que es nuestra vergüenza. Digo bien *nuestra* vergüenza porque, como cristiano, no puedo ni quiero no ser solidario con ese pueblo. Más bien, tenemos que aprender de nuestros fracasos. ¿Cómo nuestros textos inspirados, pero mal interpretados, pueden generar comportamientos inaceptables? ¿Por qué las instituciones eclesiásticas, cuando acceden al poder político, tienden a pervertir su mensaje? ¿Cómo la perspectiva del infierno, percibida como el sufrimiento supremo, puede justificar por parte de las Iglesias violencias inaceptables —cometidas por "amor"— y todo esto para que las brujas, los herejes, los infieles y los no creyentes escapen a esa violencia por venir? Este largo trabajo para releer nuestra historia, nunca terminado, es mi respuesta a su justa indignación. Nunca reparará el mal cometido, pero tal vez impida que se reproduzca...

Christian Clément sabía bien que el cristianismo no tenía el monopolio de los errores ni de los horrores. Hasta tuvo ganas de preguntarle al rabino cómo veía la aplicación de los valores judíos en tierra de Israel desde que su pueblo había vuelto a acceder al poder y a la conducción de un Estado. Pero se contuvo. Todavía hay demasiadas vigas en el ojo de las Iglesias para atreverse a recordar las pajas en los de sus compañeros.

Dios y el sufrimiento

El maestro Rahula pidió la palabra:

—La compasión y el respeto al otro son valores que los budistas también tratamos de poner en práctica. Pero no comprendo lo que quiso decir al recordar la fragilidad y aun la humillación de "Dios". ¿Cómo la realidad suprema podría sufrir?

—Los cristianos no consideran que la ausencia de sufrimiento sea el valor último del universo. Ya que Dios es Amor, como nos dijo el apóstol Juan (1 Juan 4, 8), y su Amor es tal que no se impone sino que se propone, entonces ese Amor es inseparable de un rechazo posible. Todavía hoy Dios sufre viendo los sufrimientos de los humanos. ¿Qué digo? No sólo ve nuestras heridas, sino que se identifica con ellas. Dios es magullado en cada una de las magulladuras humanas. Según una parábola bien conocida, Jesús ha afirmado que era solidario con los hambrientos, los sedientos, los extranjeros, los despojados, los enfermos, los prisioneros (Mateo 25, 31-46). Creo que estaba presente en los suplicios de Treblinka y Auschwitz, en los niños africanos mutilados y heridos de los que nos habló Alain Tannier, en los masacrados de Camboya, Sudán, la ex Yugoslavia, Ruanda y tantos otros países... Al pensar en todos esos humillados, me parece que la célebre oración "Padre nuestro que estás en los cielos" podría ser prolongada por "Amigo nuestro que estás en el corazón de los humillados":

> Amigo nuestro que estás en el corazón de los humillados, Bienamados sean sus nombres,

Venga a nos tu justicia,
Sea tu voluntad fiesta en ellos como lo es en Dios,
Dánoslo hoy nuestro impulso cotidiano,
Perdónanos nuestras indiferencias, como nosotros perdonamos sus insuficiencias,
Y no nos dejes caer en la resignación,
Mas líbranos de la desdicha,
Porque de ti nos viene
La justicia, el servicio y la alegría,
Ahora y por los siglos de los siglos,
Amén.

De manera espontánea una parte del público aplaudió y la otra silbó. Christian Clément sintió en sí mismo que cualquier modificación de una costumbre religiosa puede ser acogida con alegría o con desprecio, ser interpretada como la libertad del Espíritu o como una blasfemia contra lo establecido.

Único y plural

El swami Krishnananda se puso de pie con nobleza. La multitud hizo silencio.

—La mayoría de los judíos y los musulmanes no pueden tolerar la idea de la Encarnación, de que Dios pueda habitar en un ser humano. Para los hindúes, Dios está presente en todas partes, en todo el universo, en todo ser. Que haya habitado en el hombre Jesús, eso no nos plantea ninguna dificultad. Nosotros también lo consideramos un maestro que ha realizado en él la presencia del Infinito. Lo que nos choca en el cristianismo es su rechazo de la pluralidad y su insistencia sobre la unicidad. Mientras los cristianos afirman que Dios se encarnó sólo en Jesús, nosotros afirmamos que no cesa de expresarse en todos los seres; mientras los cristianos consideran que al hombre le ha sido dada una sola existencia, nosotros estamos convencidos de que su periplo se desarrolla en múltiples vidas y renacimientos. Mientras los cristianos piensan que este mundo es único, nosotros creemos que sólo constituye una etapa de un ciclo interminable. Mientras los cristianos afirman que sólo Jesús nos salva, nosotros estamos persuadidos de que los caminos de la salvación son extraordinariamente múltiples. ¿De dónde viene, pues, su insistencia casi exclusiva sobre el único?

El doctor Clément observó entonces entre el público al joven que antes había interrumpido el debate para afirmar con contundencia que la salvación sólo está en Jesús. Apretaba en sus manos crispadas una Biblia como otros se aferran a su fusil de caza. Recordó con tristeza la violencia con la que los cristianos puristas lo habían tratado de "falso doctor" porque en una conferencia intentó hacer comprender qué importante era en la actualidad el "diálogo interreligioso" sin confusiones ni exclusiones.

—En la Biblia, como probablemente en toda tradición religiosa, hay enseñanzas de tipo universalista que reconocen la presencia de Dios fuera de cualquier frontera y enseñanzas de tipo particularista que confiesan con claridad la acción de Dios en lugares privilegiados. Según las Iglesias, las personas y la madurez de la fe, ese aspecto de la enseñanza se pondrá en evidencia a costa de los otros. Que la vida del ser humano esté concentrada en una sola existencia en la tierra y renovada una sola vez en un más allá que se nos escapa, con Dios o sin él, no es específico sólo de los cristianos: judíos y musulmanes en su gran mayoría también lo afirman. Esto procede de nuestra comprensión del ser humano como síntesis única de un espíritu, de un alma y de un cuerpo. Porque lo humano es un cuerpo animado y no un alma encarnada que podría reencarnarse al infinito, y es preciso en su unicidad, y está llamado a resucitar en su cuerpo. En cuanto a Jesús, tienen razón de interrogarse sobre la unicidad que le reconocemos. ¿Y por qué? ¿Sólo Jesús es el Salvador, Mesías, Hijo de Dios? Según el Nuevo Testamento, hay algo único en su vida, su muerte y su resurrección que no podemos ignorar. Esto es lo que diré aunque pueda chocar a algunos de mis correligionarios: cada uno de nosotros está creado a imagen de Dios (Génesis, 1, 26), pero lo que nos diferencia de Jesús "imagen del Dios invisible" (Colosenses 1, 15), es nuestro *grado de transparencia*.

"La filiación divina y aun el mesianismo —literalmente la unción de Dios para una obra específica— existen de manera parcial en todos los seres. Pero Jesús es aquel en el que reconocemos la transparencia mayor a la acción del Espíritu Santo. Y es la Persona en quien Dios actúa por excelencia, pero esto no quiere decir que Dios actúe únicamente en él. Él es quien nos ofrece el perdón divino, pero esto no quiere decir que Dios se exprese únicamente a través de él. El Espíritu Santo es libre de actuar donde quiere y como quiere. Lo que confesamos es que en Jesús la transparencia es máxima, y como Dios el Hijo eterno ha habitado en él, nos pudo revelar muy bien a Dios su

Padre. «Quien me ve a mí, ve también al Padre» (Juan 14, 9). A causa de la unicidad de Jesús y de cada ser, lo particular toma para nosotros un valor infinito. Desconfiamos de los grandes sistemas y de los ciclos que diluirían la importancia fundamental que estamos llamados a otorgar a cada persona individual."

El sabio hindú volvió a sentarse sin decir una palabra. Su silencio testimoniaba un desacuerdo y aun una herida que el público sentía confusamente. Todavía Christian Clément dudaba en retomar la palabra para explicarse cuando ya el profesor Tannier se había levantado para discrepar. Había una fuerza y una determinación en su mirada que no escaparon a nadie.

Ataque del ateo

—Soy el último en tomar la palabra. Yo, el Judas contemporáneo del cristianismo, el renegado, el contradictor. Lo que odio en esta religión es su arrogancia disfrazada de humildad, su intransigencia metamorfoseada en acogida del otro. Sus teólogos son camaleones, qué digo, camaleones empequeñecidos y sedientos de prestigio, y siempre en retraso con respecto a su tiempo. Cuando el diálogo y la tolerancia se han convertido en valores reconocidos por cualquier hombre lúcido, entonces sus escribas desempolvan sus libros de doctrinas y moral para arrancar de ellos todas las enseñanzas fanáticas. Cuando la liberación de la mujer y la protección del medio ambiente se han convertido en grandes preocupaciones de cualquier persona responsable, entonces sus fariseos han dejado de mencionar lo que en sus textos justificaba la sumisión de las esposas y el dominio sobre la creación. Cuando los defensores de los derechos de los pueblos se alzaron contra las injusticias sociales y políticas, entonces sus doctos pensadores inventaron teologías de la liberación. Señores, ¿cuándo *se adelantarán* a una guerra? ¿Cuándo dejarán de infiltrarse en el poder para subvertirlo y colocar en él sus propios intereses? ¿Cuándo serán lo que pretenden ser, testigos de la vida nueva, interpelando a traficantes de armas y dueños de multinacionales, banqueros sin ética y proxenetas sin escrúpulos? Sus silencios son culpables y sus palabras incapaces de mejorar este mundo, el único que podemos conocer más acá de sus azarosas especulaciones.

Con desdén, Alain Tannier se sentó sin esperar la menor respuesta a su violenta diatriba. Hasta el Bufón se sorprendió por la violencia de sus palabras. Después de un interminable minuto de silencio, el moderador preguntó a Christian Clément si deseaba hablar.

Dudando una vez más, murmuró estas palabras:

—Está Cristo y los cristianos, la Biblia y los teólogos, Dios y las instituciones. No se los puede oponer totalmente ni tampoco identificarlos. Con su cruz Cristo criticó de manera radical todo lo que los humanos realizaron. Hasta en sus críticas, señor Tannier, resuena tal vez el eco de la voz de nuestro Señor...

"Por supuesto, podría contestarle que los cristianos no sólo no han estado a remolque, sino que han sido los promotores de importantes cambios sociales. Desde Henri Dunant a la Madre Teresa, pasando por Albert Schweitzer, Martin Luther King, Solzenicyn y muchos otros, son numerosos los discípulos de Cristo que consagraron su vida a hacer el bien a sus contemporáneos. Por supuesto, podría decirle que una tradición religiosa capaz de adaptarse a la evolución de las sociedades en las que se inscribe, tomando de sus textos lo que es necesario, manifiesta un dinamismo seguro. Pero todo esto son sólo palabras, palabras que no nos devolverán lo que se ha perdido..."

Este final enigmático perturbó a Alain Tannier. ¿A qué aludía? ¿A su hija que le faltaba tan cruelmente? ¿A su fe apagada desde hacía muchos años? Interiormente se odió por no haberse dominado. Su cólera había mostrado una herida que creía curada. El filósofo tomó conciencia de que había en él una nostalgia. Pero ¿de qué? Desde que había optado por el descreimiento religioso, Alain Tannier se había sentido a la vez más libre, más adulto y más solo. Ya nadie tenía derecho a inmiscuirse en sus pensamientos y decretar en nombre de Dios o de la Revelación en qué entidades inverificables debía creer. Ya nadie había que le propusiera valores éticos que debía poner en práctica. Pero ya tampoco había nadie que le diera sentido a sus compromisos, a sus descubrimientos o a sus crisis. Él solo tenía que asumir sus límites y lo efímero de la vida. Las "espiritualidades laicas" propuestas por algunos le parecían tan aburridas y carentes de sentido como los encuentros amorosos por ordenador. Hacer "como si"... Como si el ser humano fuera sagrado, como si nacer, vivir, morir tuviera un sentido, como si el olor de un Dios muerto todavía pudiera perfumar... ¡Qué vano parecía todo! Y sin embargo... Alain Tannier comprendió entonces aquella nostalgia que, como un agujero negro, absorbía sus fuerzas y sus recursos. Era la *nostalgia de la confianza*, de aquélla que, *sin ingenuidad religiosa*, subsiste hacia y contra todo.

El moderador, al comprobar que había llegado la hora de la comida, decidió levantar la sesión. La mañana había sido excepcionalmente larga y la última controversia agotadora. Con alivio, todos fueron a la gran tienda donde esperaba una comida especial.

Última comida

Como varios delegados habían anunciado su partida para esa misma noche, se decidió ofrecerles una comida de agasajo al mediodía. Todos participaron en ella.

El Rey y el Sabio sólo hablaban de la luna, la muerte y la nueva vida. El Bufón estaba demasiado hambriento para dejarse distraer por cualquier alimento no material. También hay que decir que los cocineros habían hecho prodigios. Se sirvieron en forma de bufé menús de varias regiones del planeta respetando las costumbres dietéticas de las diferentes tradiciones religiosas. La sutil mezcla de olores y las caricias de los sabores proporcionaban una alegría de innegable sensualidad.

El azar quiso que Alain Tannier y Christian Clément se encontraran en la misma mesa, uno al lado del otro. Para evitar cualquier discusión, cada uno de ellos trató de entablar una conversación absorbente con su otro vecino. David Halévy se sentía melancólico: no estaba descontento por poder volver a su país pero sí como paralizado por una insatisfacción que se había abierto en él. Un rayo de luz atrajo su mirada; semejante a un discreto proyector, iluminaba a los convidados que se encontraban en el otro extremo de la mesa. David vio a Amina y una bocanada de calor lo invadió. La joven no levantaba los ojos y parecía comer con tristeza. A los ojos del rabino su rostro no podía ser más bello. La mano de David empezó a temblar ligeramente. ¿Qué no hubiera dado por poder acariciar su mejilla y tocar uno solo de sus cabellos? En su obsesión hasta imaginó una estratagema: se levantaría para saludar al imán y allí, al girarse de manera torpe, su mano podría rozar el rostro de la joven... Con fuerza, trató de apartar de su espíritu esos pensamientos estúpidos que nunca podría realizar.

—¿Qué pensó de la exposición del cristiano? —preguntó por segunda vez Rahula al rabino, que no le había oído.

—Interesante —respondió de manera lacónica David Halévy.

En realidad, la figura de Jesús lo intrigaba. ¿Y si un día llegara a reconocer en Jesús otra cosa que a un profeta judío que se había equivocado o a un rabino hereje que unos discípulos devotos habían divinizado? La pregunta del budista no hizo más que acentuar su desasosiego. Durante una fracción de segundo, se imaginó en una iglesia celebrando su matrimonio... con Amina. Hasta visualizó el título de un periódico: "Ante un sacerdote un rabino se casa con la hija de un imán". ¡Grotesco! Para cambiar de idea, David se levantó para servirse otro plato. Numerosas personas aprovecharon para saludarlo y agradecerle la calidad de su exposición. Cuando por fin pudo llegar al bufé, se encontró al lado de Amina; su mano estaba a unos centímetros de la de ella. Dudó en dirigir sus dedos hacia los suyos, hizo un ligero movimiento en su dirección, luego se retiró enseguida. La joven hizo como si no se hubiera dado cuenta, dividida como estaba entre la sorpresa y la decepción. Precipitadamente el rabino abandonó la gran tienda y fue a pasearse hasta la sesión de la tarde.

"Sprint" final

Se acercaba el momento decisivo del torneo. En el claustro reinaba una especie de gravedad mezclada con excitación. ¿A qué religión le correspondería la medalla de oro? El futuro del país dependía de las decisiones que iban a tomarse.

Los rostros de los miembros del jurado eran particularmente sombríos. Tal vez algunos hasta acentuaban sus expresiones para que quedara claro a todos que sobre sus hombros pesaba la elección última.

Pero una decisión inesperada sorprendió a todo el mundo. El moderador anunció una última prueba, para la que ninguno había podido prepararse:

—Señoras y señores, hemos llegado casi al final de nuestro torneo. Dentro de poco el jurado deberá pronunciarse y concederemos las medallas a la Sabiduría y a la Verdad. Pero antes de darles la palabra, propongo a nuestros valerosos competidores una última prueba. De acuerdo con el Rey, esto es lo que les pido: que cada uno sintetice en *dos palabras* y *un minuto* lo esencial de sus convicciones. Será un *sprint* final, los cien metros y estoy persuadido de que nos ayudará a todos, y al jurado en especial, a completar nuestra opinión.

Un rumor de estupefacción y excitación se extendió por la sala.

—No he terminado —continuó el Sabio—. Queda excluido que una de esas dos palabras sea el nombre de la divinidad o de la Realidad última de las diferentes religiones. Todos hemos comprendido bien que Alá, Brahma, el tetragrama yhwh, la Triunidad y Buda eran los centros respectivos de cada una de las tradiciones religiosas que nos han presentado. O sea que, en dos palabras, tendrán que enunciar la esencia de lo Esencial, lo que cada uno deberá recordar de su percepción. El orden de presentación será invertido con relación al de las pruebas. Por lo tanto, le doy la palabra en primer lugar al doctor Clément.

Molesto, éste pidió para todos un tiempo de reflexión de cinco minutos, petición que fue aceptada por el Sabio. Un silencio total se instaló poco a poco en el claustro. El Rey apreció en especial ese tiempo de concentración y mucho después del final del torneo gustaba recordarlo con emoción.

—Doctor Clément, le doy la palabra.

Éste se puso de pie y dijo con firmeza:

—*Gracia* y *solidaridad*. Éstos son los dos pulmones de la fe cristiana. Hubiera podido reunir todo en una sola palabra "amor", pero ha sido utilizada en exceso como para maravillarnos todavía. La *gracia* es Dios que se inclina favorablemente hacia nosotros para arrastrarnos a todos en su alegría. La *solidaridad* es Dios que se alía definitivamente con la humanidad y la creación para suscitar relaciones de justicia y ternura. Según los cristianos, la gracia culminó en Jesucristo, que se solidarizó con nosotros hasta en la muerte y la redujo a la nada con su resurrección. Desde entonces nos corresponde, en tanto que personas y comunidades, dejar que el Espíritu de Cristo brille entre nosotros, para que esta gracia y esta solidaridad se hagan visibles y reales para todos.

El cristiano se sentó entre los aplausos del público.

—Rabino Halévy, por favor.

—La *santidad* y la *fidelidad* son dos de los atributos más importantes en el seno del judaísmo. "Sean santos, porque yo el Señor, su Dios, soy santo", está escrito en la Torá (Levítico 19, 2). Sólo Dios es *santo* y es incomparable. Separado de lo creado y diferente de todo lo que conocemos, nos llama a establecer relaciones nuevas con él y con nuestro entorno. Santificamos su nombre y nuestras existencias con comportamientos que tienen la huella del amor, la justicia y la fidelidad. Puesto que Dios es *fiel* a sus promesas y a su pueblo nosotros también podemos expresar fidelidad en nuestras diferentes relaciones.

El rabino miró furtivamente hacia Amina y se sintió turbado por la mirada abierta y sonriente de la joven.

—Su turno, señor imán.

—En el Corán, la *misericordia* y la *sumisión* son dos realidades fundamentales. Alá es *el Misericordioso*. Él ha creado el universo y enviado a sus profetas. A los hombres divididos y rebeldes les reveló su unidad y su justicia, su belleza y su poder. Por la *sumisión* —islam—, es decir, mediante la restitución amorosa de nuestras vidas individuales y sociales a Dios, el mundo puede reencontrar su identidad verdadera y original.

Cuando Alí ben Ahmed volvió a sentarse con la ayuda de su hija, los aplausos fueron aún más intensos que para los participantes anteriores. Ese hombre ciego y humilde había logrado ser especialmente querido por el público. ¿Era a causa de su ceguera? ¿O por la ausencia de cualquier forma de arrogancia en sus palabras? ¿O porque Amina era tan discreta y hermosa a su lado? Todavía hoy se discute sobre esto en el reino.

—Swami Krishnananda, por favor.

—*Libertad* e *inmortalidad* constituyen la esencia del hinduismo. En nuestro mundo desgarrado y escindido entre el bien y el mal, la salud y la enfermedad, el amor y el odio, la vida y la muerte, nuestra aspiración profunda es la *libertad*. Con la meditación cada uno puede descubrir su Sí mismo verdadero, libre de todas las esclavitudes y más allá de todos los determinismos. Ahora bien, ese Sí mismo, unificado y aun idéntico a la Realidad suprema, es *inmortal*. Por la experiencia es posible ser liberado de la muerte en todas sus formas y acceder a lo Inmortal en nosotros.

—Gracias. Usted, maestro Rahula.

—Según las enseñanzas de Buda, el *desprendimiento* y la *compasión* es lo que más necesitan los humanos. Por ignorancia y codicia sufrimos porque nos aferramos a lo que no tiene consistencia. Cuando comprendemos la vacuidad del mundo exterior e interior, entonces nos *desprendemos* de él. Lejos de volvernos insensibles a los sufrimientos de los otros, percibimos sus causas con mayor claridad. Por *compasión*, tratamos de enseñar el camino de la liberación a todos los seres, hasta que el sufrimiento se desvanezca por completo.

Después de los aplausos, el moderador le pidió a Alain Tannier que hablara.

—Como ateo sólo puedo hablar en mi nombre. *Complejidad* y *humanidad* son las dos palabras que me vienen a la mente. Una ley de la *complejidad* puede ser descifrada en la tortuosa evolución del universo, producto del azar y de la necesidad, de innumerables mutaciones y de continuas selecciones. Desde los primeros quarks surgidos hace quince mil millones de años, cuando el big bang, hasta los cien mil miles de millones de células interconectadas en un cuerpo humano, es perceptible un mismo y largo proceso de diferenciaciones y ensamblajes, de especializaciones y simbiosis. Desde lo más simple hasta lo más elaborado, del caos al orden, de la materia a la vida, la complejidad parece actuar y tal vez seguirá actuando. Nuestra *humanidad* es bella y frágil. Los núcleos atómicos de nuestras células fueron fabricados en el centro de las primeras estrellas hace más de diez mil millones de años y nuestras moléculas orgánicas, en el caldo atmosférico hace cerca de cuatro mil millones de años. Los primeros hombres aparecieron en la tierra hace apenas tres millones de años y sólo durante nuestro siglo hemos sido capaces de inventar un arsenal nuclear que podría destruirnos a todos. Tributarios de una larga y misteriosa historia, debemos preservar a la humanidad de sus fuerzas autodestructivas.

Varios oyentes quedaron impresionados por el discurso casi religioso de Alain Tannier, donde la "ley" de la que había hablado se parecía extrañamente a lo que ellos mismos llamaban "Providencia" o "voluntad divina". Pero nadie quiso volver a hablar, por temor a alargar el programa y sobre todo a suscitar una polémica que podría volverse en su contra.

Se produjo un largo silencio. El Sabio, en lugar de cumplir su tarea de moderador, parecía absorto en sus pensamientos.

El Bufón, que ya no podía mantenerse en su lugar, exclamó:

—¡Eh! Al ritmo que se producen las mutaciones en el universo, en millones o miles de millones de años, tendremos que esperar mucho tiempo para que se produzca algo significativo. Pero, por el contrario, no tengo deseos de pudrirme aquí hasta la próxima epifanía de la ley de la complejidad.

El Sabio parecía no haber escuchado nada. De hecho, ni siquiera había escuchado la observación del Bufón. En él había brotado una intuición. Su primer reflejo fue compartirla; pero sensatamente eligió esperar los resultados del jurado. Después de darle media hora para deliberar, levantó la sesión.

El jurado se pronuncia

Los miembros del jurado volvieron con mucho retraso. Parecían contrariados y hasta irritados. El presidente tomó la palabra:

—Oh Rey, señor moderador, dignos representantes de las religiones y del ateísmo, señoras y señores. Después de larga deliberación del jurado, me corresponde la delicada tarea de transmitirles nuestra decisión.

En la sala era perceptible cierto nerviosismo.

—Después de vehementes discusiones, hemos llegado a una total unanimidad. Y es ésta: nos es imposible ser unánimes. En realidad cada participante recibió un voto y no vemos a qué representante en particular se le puede conceder una medalla de oro. Para un miembro del jurado, el hinduismo merece la palma porque reconoce lo Divino en todas partes. Para otro, es el islam porque contiene la Revelación más reciente. Para un tercero es el judaísmo, porque es la base de las religiones monoteístas. Para un cuarto, es el ateísmo, porque permite evitar las trampas de las ideologizaciones mitológicas. Para un quinto es el budismo porque es el más tolerante y el menos violento. Y para el último es el cristianismo porque, como el decatlón, es el más completo aunque en cada disciplina no sea el que más marcas consigue. Oh Rey, les corresponde desempatar y tomar la decisión final.

Una vez más, en el claustro, algunos silbaron porque no apreciaron esa pirueta y otros aplaudieron aliviados por la no decisión.

El Rey, cogido por sorpresa, tuvo la idea de pedir el parecer del Bufón y del Sabio antes de emitir su veredicto.

Cuando se mezcla un Bufón

El moderador temía que el Bufón armara un escándalo que, de manera irremediable, dañara el final de las justas. Pero, ya que el Rey había solicitado su parecer, era necesario dejar que tomara la palabra.

Con una sonrisa enigmática y con Eloísa en sus brazos, el Bufón se dirigió hacia la fuente:

—Hace un año tuve un sueño en el que una mano me escribía: "Como el Rey y el Sabio, debes morir" y estaba firmado "Dios". Hasta este torneo siempre había considerado la muerte, al igual que la desdicha y la enfermedad,* como la "M". Además uno de mis colegas, bufón de otro país, me había hecho llegar este resumen fulgurante de las religiones:

- *El hinduismo*: Esta "M" ya ha llegado en una vida anterior.
  El hinduismo místico: Cuando estás en la "M", canta "OM".
- *El budismo*: Cuando llega la "M", ¿es de verdad la "M"?

---

* En francés, enfermedad (*maladie*) y desdicha (*malheur*) empiezan por M. (*N. del T.*)

- *El budismo zen:* ¿Qué sonido hace la "M" cuando llega?
  El budismo del Gran Vehículo: Ama a los que están en la "M".
- *El judaísmo:* ¿Por qué la "M" me llega siempre a mí?
  El judaísmo religioso: Cuanto más me llega la "M", más me adhiero a mi Ley.
  El judaísmo arreligioso: Cuanto más me llega la "M", más mi Ley no rima con nada.
- *El cristianismo:* Allí donde la "M" abunda, la paz del alma superabunda.
  El cristianismo protestante: La "M" no me llegará si trabajo más.
  El cristianismo católico: Si la "M" me llega, es que la he merecido.
  El cristianismo ortodoxo: La "M" asoma por todas partes, salvo en la santa liturgia.
  El cristianismo de las sectas: Toc, toc. "La «M» llega".
- *El islam:* Acepta todo lo que te sucede, hasta la "M".
  El islam de los violentos: Si la "M" te llega, llévate un rehén.
  El islam de los poetas: Cuando estás en la "M", oh hombre, no la aspires.

En el claustro fueron muchos los que se levantaron para abuchear al Bufón. De la manera más apacible del mundo, éste desgarró en mil trozos la hoja que acababa de leer.

—Cuando llega la muerte, ¿es de verdad la muerte? Aún hoy lo dudo y esa duda me ha devuelto la fe...

El Bufón volvió a su lugar bajo la mirada asombrada de los espectadores.

La síntesis del Sabio

—Y tú, Sabio, ¿qué tienes que decirnos? —le preguntó el Rey.

—En mi sueño se decía: "Como el pueblo, tu Rey debe morir". Y estaba firmado "AYN". Cuando el rabino nos dijo que "AYN" significa "NO" y que es uno de los nombres de Dios, me sumí en la confusión. Y tanto más dado que el sueño del Rey estaba firmado "ANY", que designa al "YO" divino. Desde entonces, he comprendido que el Dios de la Biblia es a la vez indescriptible, como lo afirman los budistas, y el "YO" supremo, como testimonian los hindúes.

"Hace un momento, al escuchar cómo los participantes resumían en dos palabras sus creencias, me sentí cada vez más intrigado: tantas diferencias separan a los creyentes de los ateos, a las religiones semíticas de las religiones orientales; luego, como un relámpago que desgarra el cielo, tuve una especie de revelación: en la inmensa diversidad de las perspectivas que se nos presentaron, hay sin embargo un punto común que las une a todas. He olvidado decirles que en mi sueño había un post-scriptum más enigmático que decía: "Busquen la aguja y vivirán". El jeque Alí ben Ahmed, en su maravillosa parábola sufí, nos dio la clave de interpretación de este misterio: la aguja cose y une mientras las tijeras cortan y separan. Esta imagen me conforta en la revelación que he mencionado. ¿Qué hay, pues, de común en todo lo que acabamos de escuchar durante estos cuatro días? Voy a decírselo: es la doble experiencia de *desligar* y *religar*. La Ley última del universo es el misterio del Espíritu que diferencia para unir mejor y que libera para religar mejor. Esto es verdad en la Triunidad cristiana, donde el "Padre" y el "Hijo" están a la vez diferenciados y son uno. Esto es verdad también en la ley de la complejidad, donde las partículas se especializan y se reúnen en unidades cada vez más complejas. Cuando los budistas evocan la vacuidad del mundo y del sí mismo nos invitan a desligarnos de nuestras codicias e ignorancias para entrar en una real disponibilidad. Y, cuando nos enseñan la compasión, nos invitan a religarnos sin lazos con todo lo que "es". Cuando los hindúes nos estimulan para llegar más allá de nuestros determinismos y egoísmos, nos llaman para que vivamos libres de cualquier forma de ligazón. Y cuando nos alientan a experimentar la universal e inmortal Presencia divina, nos alientan a una nueva forma de relación con todo ser animado o no. Cuando los judíos, los cristianos y los musulmanes nos hablan de Dios en su santidad, su amor y poderío, nos invitan a no estar atados a un mundo visible y a huir de cualquier idolatría de personas humanas o de bienes pasajeros. Y cuando los judíos, los cristianos y los musulmanes nos hablan de Dios en su unidad que ha creado y amado a todos los seres, nos invitan a vivir nuevas relaciones de proximidad y ternura. La santidad, la gracia y la misericordia, como la fidelidad, la solidaridad y la sumisión, son otras tantas razones y medios para que experimentemos una liberación frente a todo lo que nos tiene prisioneros y un entendimiento con todo lo que ha sido creado.

En la voz del Sabio había como un júbilo. Luego, poco a poco, su rostro se ensombreció.

—Desligar y religar, unificación y diferenciación, desvinculación y vinculación, muerte y resurrección, ése es el dinamismo del Espíritu. La desdicha es que, en la mayoría de las tradiciones religiosas y de los destinos humanos, ese movimiento está congelado y hasta bloqueado. En lugar de profundizar en esta experiencia infinita, muchos creyentes y no creyentes se liberan tal vez de cosas superficiales, pero se atan ciegamente a una persona, comunidad, nación, teoría política o filosófica o precepto religioso. Y, trampa suprema, se convierten en esclavos de bienes inmateriales como la alegría o la salvación, la libertad o la solidaridad. *Nada hay más peligroso que una atadura establecida.* Y es en nombre de esas religiosidades bloqueadas que hoy todavía se asesina... En nombre de la alegría espiritual se han despreciado las alegrías humanas legítimas y en nombre de la salvación se ha masacrado a los que no la querían o no la comprendían. En nombre de la libertad planteada como absoluto se dejan impunes las peores formas de violación cultural, económica o sexual. En nombre de la solidaridad erigida en exigencia social, se han masacrado a todas las personas "alienadas" por su espíritu pretendidamente "aburguesado" y "capitalista". Dios siempre es más grande que nuestra idea de Dios y la realidad más compleja que nuestra experiencia de esta realidad...

Con estas palabras, el Sabio se calló, como sumergido en lo que acababa de descubrir.

La decisión del Rey

El Rey se sentía orgulloso de su Sabio. Pero en este caso su brillante síntesis casi no le servía. En los torneos siempre hay medallas y por el momento éste había empezado mal. Decentemente no podía cerrar esas justas como si todo el mundo hubiera perdido o como si todo el mundo hubiera triunfado. Su jurado había fallado en la tarea y lo había dejado a él, el Rey, solo para tomar una grave decisión. Debía elegir una religión para su país y en ese caso cuál. Recordó su sueño: "Como la luna, tu pueblo debe morir" firmado "AYN". Después de las intervenciones del Bufón y del Sabio, comprendió que la muerte puede ser un pasaje hacia una vida más rica, un acto de liberación que empieza en esta vida presente y continúa en el más allá. En cuanto a la luna, el maestro Rahula habló de ella al recordar la fiesta budista del mes de mayo, Alí ben Ahmed explicitándola como símbolo de la vida nueva y sobre todo Christian Clément asociándola a la muerte y a la resurrección de Cristo.

El Rey se puso en pie con prestancia y dignidad y pronunció estas palabras:

—Señoras y señores, valerosos concursantes, hemos llegado al momento decisivo de nuestros "JO". Después de la indecisión del jurado y de la síntesis del Sabio, me encuentro solo para determinar un vencedor. Pero aunque la tarea me parece muy pesada, debo asumir mis funciones de rey. Debo decirles que todos nos han estimulado, interpelado, enseñado y deslumbrado. Cuando pienso en el sueño que tuve, hay una religión que me parece especialmente adecuada, y es la religión...

El público estaba suspendido de sus labios, los periodistas tomaban abundantes notas y varios de los concursantes habían bajado los ojos.

En busca de inspiración el Rey cerró los ojos y se concentró en sí mismo. Entonces una imagen interior lo dominó durante algunos segundos y fue transportado a un universo que le era poco familiar. Se vio en la catedral desafectada de su reino. En el fondo de la iglesia vio a un ministro que celebraba la liturgia. El pastor —¿o era un sacerdote?— leía delante de un auditorio escaso un texto del Apocalipsis. El Rey tuvo deseos de dejar ese lugar que olía a cerrado y del que se desprendía una atmósfera cargada. Fue retenido por una mano invisible y escuchó el texto que proclamaba el oficiante. "Yo soy el alfa y la omega, el primero y el último, el principio y el fin. Bienaventurados los que lavan sus vestiduras, para tener derecho al árbol de la vida y a entrar por las puertas de la ciudad" (22, 13 y ss.). En ese momento un hilo de agua brotó del coro de la iglesia. La asistencia, asombrada, se despertó. El ministro hasta se atrevió incluso a interrumpir la liturgia para ir a observar el extraño fenómeno. Poco a poco se transformó en una ola impresionante. Todos aquellos y aquellas que fueron rociados por el agua empezaron a sonreír y aun a reír. Se sentían como refrescados por ese río de vida y de alegría. El agua entonces empezó a manar en abundancia y se extendió fuera de la iglesia. En los alrededores acudieron las multitudes para ver el prodigio y la alegría los contagió. Al ver todo esto, el Rey tuvo un sentimiento de plenitud y se regocijó por aquel entusiasmo reencontrado. Tuvo deseos de exclamar que la antigua religión cristiana, abandonada por su pueblo, merecía la medalla de oro. Pero una Voz interior lo retuvo. Absorto por esta Presencia, el Rey se refugió en sí mismo. En su rostro la alegría se transformó en serenidad...

Al abrir los ojos, el Rey casi se sorprendió de encontrarse en el claustro. Las miradas concentradas del público lo devolvieron a la realidad. Asombrado, el soberano dijo entonces:

—...la religión que me parece la más adecuada es la religión... que elegiré para mi vida personal. Como Rey, no se la puedo imponer a todo el pueblo. Mi Estado debe seguir siendo laico a fin de que cada uno y cada una sea libre de determinar lo que le parece que es la Verdad esencial. *Dios, si existe, es el único que puede otorgar una medalla de oro.* Cuando abandonemos esta tierra, sin duda nos será concedido captar su propio juicio sobre las religiones y filosofías humanas. Desde ahora propongo otorgar dentro de cuatro años una *medalla de plata*, la única que nos es permitido conceder, a la tradición que haya hecho mayores esfuerzos para comprender y servir realmente a los fieles de las otras. Probará de esta manera que es capaz de no centrarse en sí misma, sentir de verdad lo que sienten sus compañeros, creyentes o no, y hacerles el bien. ¿No es éste el signo de la acción del Espíritu? Desligar y religar, descentralización y acogida del otro. Lo que, por supuesto, no quiere decir aceptación sin espíritu crítico de las doctrinas y prácticas que los otros transmiten. Pero ese movimiento de empatía y ayuda mutua revelará una capacidad de escucha, de comprensión y solidaridad que por sí sola merece ser recompensada. Por lo tanto los cito para dentro de cuatro años, en el mes de mayo con luna llena, y deseo a todos los concursantes que rivalicen en estima recíproca y que trabajen lo mejor que puedan por la paz. Les otorgo también, lo mismo que al concursante ateo, un libre acceso a los medios de comunicación y a las escuelas para que puedan transmitir a mi pueblo, sin proselitismo, lo mejor de sus enseñanzas. A él le corresponderá escuchar con discernimiento y observar sus comportamientos a fin de ayudarnos, en esas nuevas justas, a otorgar la medalla de plata.

El público, el jurado y los concursantes en principio se sintieron sorprendidos y decepcionados por la decisión del Rey. Pero alguien empezó a aplaudir. Poco a poco, toda la sala se unió a esos aplausos, de manera contenida y luego con mayor convicción.

El Rey pidió a la multitud que guardara silencio y agregó:

—Señoras y señores, ésta es pues la decisión que me parece justo tomar. Dicho esto, me gustaría saber qué piensa mi pueblo. Sugiero, pues, que todo lo sucedido en este Gran Torneo sea objeto de una publicación seria y que cada uno, de aquí o de otra parte, tenga la posibilidad de expresar su parecer sobre lo dicho y lo vivido. Con el Sabio, delegaremos a una persona de confianza para que redacte ese resumen y para recoger sus reflexiones.*

---

* No sé si merezco esta confianza. Me siento honrado de haber sido designado para estas justas. También quiero agradecer a todos aquellos y aquellas que me han ayudado en esta delicada tarea. GRACIAS en especial a mi esposa, Mireille, y a mis cuatro hijos, David, Olivier, Simon y Basile, cuyas preguntas y vivacidad no dejan de esti-

Una gran alegría invadió la asamblea.

El Rey tomó la palabra por última vez:

—Al término de este torneo no me queda más que agradecer a los valerosos concursantes. Cuando tantos deportistas corren tras una gloria efímera, ustedes son atletas de la eterna Belleza. Gracias por el ejemplo de sus vidas consagradas a esta búsqueda suprema y gracias por todo lo que harán por mi pueblo. Quiero también agradecer calurosamente al moderador por su trabajo tan eficaz, al jurado por su escucha atenta, al público por su fiel participación, así como a las innumerables personas que trabajaron en la sombra y que permitieron el éxito de este encuentro. Que cada uno y cada una vuelva a su casa con la determinación nueva de superarse en la búsqueda de la sabiduría y en la aplicación de la solidaridad. Buen regreso y que Dios los guarde.

Por última vez sonó el himno del Gran Torneo. Había mucha emoción, no sólo en el público sino también entre los competidores que además ya no se percibían como tales.

Por una caricia más

Numerosos eran los periodistas y los participantes que todavía deseaban plantear algunas preguntas a los diferentes delegados. También el Rey y el Sabio fueron muy solicitados. Hasta el Bufón fue interrogado intensamente.

Dos horas más tarde, la sala del claustro empezó a vaciarse. Los representantes de las diferentes tradiciones y convicciones se saluda-

---

mularme; a Élisabeth y Claude Hoffmann; a Marc y Alex, mis hermanos; a mis padres, Gulam y Martha; al profesor Car-A. Keller; a mis colegas Franck Le Vallois y Jean-Claude Basset; a Gérard y Sandra Pella, a Bernard y Claire Bolay; a Christiane Lavanchy y Florence Clerc. Mi agradecimiento también a los estudiantes, asistentes y profesores de la Escuela Politécnica Federal de Lausana que siguieron y animaron el curso que di sobre las relaciones entre ciencias y religiones; a mis amigos judíos, musulmanes, hindúes, budistas y cristianos de la *Arzillier*, casa del diálogo interconfesional e interreligioso en Lausana; a los miembros del Diálogo Interreligioso Monástico, que me asociaron con mucha fraternidad a sus encuentros; a la casa de *Crêt-Bérard*, cerca de Pidoux, por su hospitalidad y el magnífico marco de sus encuentros internacionales; a la Iglesia Evangélica Reformada del cantón de Vaud y al Departamento Misionero de las Iglesias protestantes de Suiza francesa por su confianza y su apoyo a mi trabajo. Sin esa preciosa ayuda, nunca lo hubiera terminado (nota del autor del informe).

ron con mucha amistad y se despidieron unos de otros, no sin haber intercambiado sus respectivas direcciones.

 David Halévy estaba feliz del giro final del torneo aunque, como los otros, secretamente decepcionado por no haber obtenido la medalla de oro. Todavía no se había despedido del jeque. Lo encontró entre la gente y lo saludó con profundo respeto. Al darse la vuelta se encontró frente a frente con Amina. La joven, sabiendo que había llegado la hora de la separación definitiva, se atrevió a mirarlo con afecto e insistencia. El rabino se sintió trastornado. Sintiéndose protegido por una multitud feliz, David alzó su mano y acarició con delicadeza la mejilla de Amina. Una cadena de ternura unió sus miradas. En sus entrañas el rabino sintió como el nacimiento de un universo. De pronto, un dolor agudo en la espalda turbó y ahogó este dulce estallido. La mirada del rabino se oscureció y se derrumbó con el cuerpo ensangrentado. Estaba inconsciente y ya no oía los gritos horrorizados de Amina...

Hay una justicia

 Cuando despertó varias horas más tarde, el rabino tuvo dificultad para abrir los ojos. Poco a poco percibió unas paredes muy blancas y descubrió unos aparatos técnicos muy sofisticados. Un dolor penetrante entre los dos omóplatos le provocó una mueca de sufrimiento.

 —¡Dios sea loado —dijo una voz—, recupera la conciencia!

 Girando con dificultad su cara, David Halévy se asombró al ver a Christian Clément sentado al lado de su cama con los rasgos relajados y sonrientes.

 —¿Pero qué hago aquí? —preguntó con dificultad el rabino.

 El doctor Clément le contó todo lo que había pasado desde que se derrumbó en la gran sala de justas.

 —Fue apuñalado cuando se despedía de la señorita Amina.

 —¿Por qué y por quién?

 —Cuando la hija del imán empezó a gritar, inmediatamente acudieron policías de paisano. Usted estaba en el suelo inconsciente e inmóvil. Lo creímos muerto. Un joven estaba frente a Amina con un cuchillo en la mano. Ni siquiera había tratado de huir. La policía lo apresó y lo llevó a la comisaría. Sólo más tarde descubrimos su identidad.

 —¿Quién era?

 —No lo va a creer... El hijo mayor de Alí ben Ahmed, el propio hermano de Amina. Cuando lo sorprendió al parecer acariciando la mejilla de su hermana, se puso furioso. Supimos por boca del mismo imán que ese hijo, Hasan, nunca aceptó la apertura de su padre hacia otras religiones, y sobre todo a una lectura más abierta del islam. Hasan detesta especialmente el judaísmo, que no llega a diferenciar del sionismo ni del capitalismo estadounidense. Cuando lo vio tocando el rostro de su hermana no pudo contenerse.

El rabino, ligeramente confundido, bajó los ojos.

—Pero eso no es todo...

—¿Qué más pasa?

—Gracias a estos dramáticos acontecimientos, la policía pudo descubrir al agresor de Amina, al menos al que parece serlo...

—¿Cómo? ¿Era él, su propio hermano?

—Ha confesado todo. Por odio a los judíos, quiso que lo acusaran de una violencia innoble. Entre sus cosas la policía descubrió otro solideo, idéntico al que usted encontró en el cuarto de Amina. Por desdicha para él su intervención inesperada hizo que todo cambiara.

—¡Ah! —exclamó el rabino, con una sonrisa maliciosa en los labios.

En una fracción de segundo ésta se transformó en un rictus de dolor.

—¿Está bien? —preguntó Christian Clément inquieto.

Con los ojos el rabino asintió.

—Ahora ya lo sabe todo y no debe fatigarse. Lo que más necesita es reposo.

Con dificultad, el rabino le pidió al cristiano que se acercara.

—¿Puedo confiarle un secreto?

Sorprendido en principio por la pregunta, el doctor Clément respondió sin vacilar:

—Por supuesto. ¿De qué se trata?

—Aunque la justicia humana a menudo es falible, la de Dios no lo es. Cuando uno de mis hermanos fue herido gravemente durante su servicio militar, se despertó en mí un violento odio. Nunca me hubiera creído portador de tanta enemistad. Cuando se abrió el torneo, recordará que un musulmán se enfrentó verbalmente con Alain Tannier. Enseguida comprendí que se me ofrecía una ocasión para la venganza. Tenía deseos de mostrarle a los musulmanes de qué era capaz un judío.

—Y cuando la señorita Amina recibió una carta amenazadora de otro musulmán, decidió renunciar a cualquier acto de venganza...

—En absoluto, no lo comprende.

Christian Clément ya no entendía nada.

—Ya que un musulmán, con sus vociferaciones fuera de lugar, había hecho caer sobre su comunidad una pesada antipatía, me era fácil hacerla aún más pesada... con una simple pluma.

—Una pluma es muy liviana.

—Salvo cuando escribe una carta amenazadora...

—¿Fue usted el de la carta en árabe?

—Sí... Pero hay una justicia. Mi pluma se ha vuelto contra mí como un puñal.

En ese momento entró en el cuarto una enfermera llevando un magnífico ramo de flores.

—¿Puedo hacerle una última pregunta? —dijo Christian Clément con los ojos chispeantes de complicidad.

—Hágala.

—Si la *justicia* de Dios se manifiesta en su espalda apuñalada por el hermano, ¿no sería el *amor* de Dios el que se expresa en su corazón apuñalado por la hermana?

David sonrió con sencillez y felicidad.

La última palabra

Entonces llamaron a la puerta. El doctor Clément se levantó para abrir. El rabino se sorprendió al ver a Alí ben Ahmed, acompañado por Alain Tannier, Rahula y Krishnananda. En el rostro del imán, de rasgos de una excepcional nobleza, se leían los signos de un agotamiento intenso. Durante algunos segundos se hizo un silencio sofocante.

—He venido a saber cómo se encuentra —dijo Alí ben Ahmed con voz fatigada y suave.

El rabino se conmovió por tanta delicadeza. Que el imán pudiera manifestar tal empatía cuando estaba quebrado por el acto trágico de su hijo, impresionó a todas las personas presentes.

—Todo lo bien que se puede estar —dijo David Halévy—. Querido jeque, tengo que hacerle una confesión...

Y el rabino contó una vez más el delito que había cometido. Tanteando, el imán se acercó a él y le tomó la mano. Le ofrecieron una silla y, durante largos minutos, estuvieron juntos sin decir una palabra, unidos por ese gesto simple y sin embargo tan cargado de afecto. Los otros delegados no se atrevían a moverse. Al mirar con más atención los rostros del imán y del rabino, todos vieron que ambos lloraban.

El rabino puso fin al silencio.

—Le pido sinceramente perdón —murmuró.

La actitud del imán ya era una respuesta. Por lo tanto no agregó nada. Luego a su vez vació su corazón:

—Que mi propio hijo pueda cometer tal acto contra usted me aflige y me supera. ¿Qué van a pensar del islam? Tanto al comienzo como al final de estas justas el perturbador fue un musulmán. Todos aquellos y aquellas que consideran que el islam es sinónimo de violencia y de barbarie se verán reafirmados en sus estereotipos... Nuestra presencia aquí ha sido lamentable.

De manera unánime los otros participantes expresaron su desacuerdo. Las palabras del rabino resumieron perfectamente las de los otros:

—Querido Alí ben Ahmed, la calidad de su presencia nos ha impresionado a todos. El público lo aplaudió a usted más que a todos nosotros. Y el público no se engaña. Gracias al valor de sus palabras y a su manera de ser, ya nadie podrá confundir el verdadero islam con los actos de violencia que algunos cometen. Todas las tradiciones tienen extremistas que traicionan la esencia de la experiencia religiosa. En Israel, Irlanda, Bosnia, la India, también se mata en nombre del Dios de los judíos, los cristianos o los hindúes. Por supuesto que actualmente en la escena mundial se habla más de los suyos. Pero al final de estas justas a nadie se le ocurrirá confundir esas violencias con el islam auténtico, hecho de humildad y hospitalidad. Personalmente, si tuviera que concederle una medalla a la persona más noble, se la daría a usted.

—En absoluto —respondió espontáneamente el imán—. El que ha sido más vital en sus palabras y el más castigado en su persona es usted. Indiscutiblemente, la medalla le corresponde.

Al escuchar al imán y al rabino rivalizar de esta manera en aprecio mutuo, los otros, emocionados, se pusieron a reír de alegría.

Feliz, pero fatigado por su herida, David Halévy se puso rígido en la cama. Todos comprendieron que necesitaba reposo. Con afecto y gran complicidad se dijeron adiós.

El rabino suspiró. Su dolor, aunque fuerte, le parecía menos violento. Contempló con profunda alegría el ramo inundado de colores que estaba a su lado. De pronto, descubrió un pequeño sobre, deslizado entre las flores. A pesar de su herida logró tomarlo. Cuando leyó la nota, el rabino sintió que brotaba en él una felicidad más fresca que la aurora.

La mayor fisura del universo
No podría resistir al amor.
La más dolorosa herida de la tierra
Por Dios será curada un día.

Y estaba firmado "Amina".

En un país no tan lejano

El Bufón volvió a su casa, excitado y cansado a la vez.
Acarició la frente de Eloísa y se puso a meditar sobre los acontecimientos que acababa de vivir. Muchas imágenes asaltaban su espíritu. Se dirigió a la heladera para prepararse un pequeño refrigerio que saboreó con delectación. Luego caminó con paso firme y tranquilo por su departamento. Cuando se sintió fatigado fue a acostarse. Dudó en decir una oración y se durmió en paz. Sólo Dios sabe qué murmuró en su corazón...

El Sabio jugó más que de costumbre con sus hijos antes de acostarlos. Luego se alegró de poder comer a solas con su esposa. Por primera vez, observó un hilo de plata en sus cabellos. Ella también había sido tocada por el misterio del tiempo; su rostro ya no tenía la frescura de los veinte años, sino una madurez que había redondeado y embellecido sus rasgos. El Sabio sintió en las raíces de su ser que un día la muerte los separaría. ¿Quién se iría primero? ¿Sería él? ¿Y si fuera ella? Nunca antes se había atrevido a plantearse esas preguntas con tanta claridad. Un sentimiento de pavor lo invadió. Durante la comida intercambiaron pocas palabras. Algo estaba cambiando en su relación. Esa noche el Sabio amó a su mujer como si fuera la última vez. Con intensidad y un sentimiento extraño de libertad. Como si hubiera recibido una certeza: la muerte nunca destruiría el amor; el desprendimiento supremo estaría seguido por una unión indecible, infinita y gloriosa.

Esa noche el Rey tuvo problemas para dormirse. Se levantó y se dirigió a la biblioteca. Lejanos recuerdos emergieron en su espíritu. Se volvió a ver niño rezando con sus padres. Después de unos minutos, encontró una vieja Biblia polvorienta. La maratón del torneo y la visión que acababa de vivir hicieron nacer en él el deseo de reencontrar sus raíces. Al azar abrió el Libro y leyó: "Está sobre mí el Espíritu del Señor; porque el Señor me ha ungido, y me ha enviado a llevar la buena nueva a los pobres, y predicar la redención a los cautivos y la libertad a los que están encarcelados y publicar el año de gracia por parte del Señor" (Isaías 61, 1-2).

Meditando sobre estas palabras y balbuciendo una oración, el Rey se dirigió al balcón del palacio. Una dulce luz reposaba sobre su reino. Sorprendido por esta claridad, el Rey escrutó el cielo. Sombrías nubes habían oscurecido la bóveda celeste y hasta el rostro de la luna estaba cubierto por un velo opaco. El Rey no comprendía de dónde venía ese extraño resplandor. ¿Era un sueño? ¿O la realidad había cambiado? ¿Y si fueran sus ojos que habían sido como lavados, refrescados por una fuente extraña? Fascinado por ese mundo nuevo que se le presentaba, el Rey permaneció largas horas en contemplación. Nunca su reino le había parecido tan hermoso. Tampoco nunca se le había presentado con tantas fragilidades y ámbitos que mejorar. Luego el Rey se acostó con una alegría intensa y la determinación nueva de servir a su pueblo con justicia y equidad. Intrigado por esta experiencia, pero animado por una profunda felicidad, se durmió al alba. Sin haber elucidado la causa de ese misterioso cambio.

¿Qué importa? Amanecía un nuevo día. Y tal vez hasta los ángeles se pusieron a cantar.

Como se indicó en la introducción de este relato, el Rey se sentiría feliz de conocer tu opinión. Éstas son las preguntas que le interesan en especial:

- ¿Las exposiciones de los participantes eran representativas de las religiones o visiones del mundo expuestas?
- Si hubieras formado parte del jurado ¿cuál hubiera sido tu veredicto?
- ¿Qué piensas de la decisión del Rey?

En una hoja como máximo envía tus comentarios, sensaciones y reflexiones, si es posible en francés, inglés o alemán, a la dirección siguiente:

M. Shafique Keshavjee
Editorial Biblos
Pasaje Giuffra 318
1064 Buenos Aires
República Argentina

El Sabio y el Bufón también me ruegan que te transmita sus mejores mensajes y que se alegrarán de leer los tuyos.

ANEXOS

- Fichas de presentación elaboradas por la Plataforma Interreligiosa de Ginebra
- Un cuadro sinóptico de las religiones

Budismo

Fundador

Siddharta Gautama, llamado también Sakyamuni, vivió al norte de la India entre los siglos VI y V antes de la era cristiana. Después de una vida principesca y luego ascética, por la meditación llegó al estado de conciencia suprema que hace de él el Buda, el "Iluminado". Con sus sermones fundó un camino diferente del hinduismo: el *Budashasana* o enseñanza de Buda.

Texto sagrado

Las escrituras antiguas están divididas en tres grupos: *vinaya*, reglas de la vida monástica, *sutra* o sermones de Buda y *abhidharma*, estudio de algunos puntos de la doctrina. La tradición, a través de los años y las culturas, no ha dejado de ampliarse, de manera que cada escuela búdica tiene su propia recopilación de *sutra*, en pali, sánscrito, chino y tibetano.

Corrientes

Las diferentes escuelas se reagrupan en tres corrientes, que divergen en su comprensión de Buda, su filosofía y su disciplina: el *theravada* es la doctrina de los antiguos, practicado en Sri Lanka y hasta en Vietnam; el *mahayana* o Gran Vehículo, desarrollado en China, Corea, Vietnam y Japón, sobre todo con las escuelas Zen y de la Tierra Pura; el *vajrayana* o vehículo del diamante caracteriza a la tradición tibetana.

Convicciones fundamentales

Partiendo de las nociones indias de *karma*, retribución de los actos, y de *samsara*, ciclo de renacimientos o reencarnaciones, la enseñanza de Buda se basa en la ausencia de sí mismo —*anatma*—, la impermanencia de las cosas —*anicca*— y el sufrimiento —*dukkha*—; desarrolla las "Cuatro Nobles Verdades" sobre la universalidad del sufrimiento que se desprende del deseo y el camino que lleva a su cesación por el "Noble Sendero Óctuple" (exactitud de la comprensión, el pensamiento, la palabra, la acción, los medios de existencia, el esfuerzo, la atención, la concentración). El *nirvana* es la extinción de cualquier atadura. La corriente mahayana puso el acento en la vacuidad —*shunyata*— de cualquier realidad aparente y exaltó el ideal de los bodhisattva, comprometidos por votos a liberar a la humanidad.

Preceptos de conducta

La moral búdica —*sila*— se basa en diez prescripciones; las cinco primeras conciernen a todo el pueblo: respeto a la vida, respeto a la propiedad, rechazo de la sexualidad desordenada, respeto de la verdad y abstinencia de bebidas embriagadoras; las cinco suplementarias están reservadas a los monjes. En relación al modelo del bodhisattva, la tradición mahayana cita diez perfecciones –*paramita*–: caridad, moralidad, paciencia, energía, meditación y sabiduría a las que se agregan el método, los votos, la resolución, el conocimiento de todos los *dharma*.

Actitud hacia otras religiones

La enseñanza búdica que desde la India se extendió por Asia dio prueba de una capacidad muy grande de adaptación religiosa y cultural. Coexiste con otras religiones en una tolerancia sin restricciones.

Oraciones y prácticas

Se va al templo para venerar y hacer una ofrenda a Buda, representado por una estatua, a menudo rodeada de divinidades secundarias. En el Mahayana, todos son llamados a convertirse en Buda mediante el desprendimiento de cualquier pasión y la meditación que lleva a una justa percepción de la realidad. Algunas escuelas, como el zen, insisten sobre el esfuerzo necesario (posición sentada, paradoja intelectual, disciplina, relación con el maestro, visualización); otras, como la Tierra Pura, abren ampliamente las puertas del paraíso. Los monjes, y en menor medida las monjas, representan un papel importante por el ejemplo y la enseñanza que perpetúan.

Alimentación

En principio, los budistas se abstienen de bebidas embriagantes; muchos, sobre todo los monjes, son vegetarianos.

Desde el nacimiento hasta la muerte

El budismo tiene ceremonias específicas tanto para el nacimiento como para la muerte que difieren de un país a otro. La entrada al monasterio, con los votos provisionales o perpetuos, es un momento importante.

Principales fiestas

Todos los meses la luna llena es ocasión de una fiesta. En el *Vesakha*, la tradición theravada celebra a la vez el nacimiento, la iluminación —*bodhi*— y la extinción final —*paranirvana*— de Gautama Buda que la corriente mahayana festeja independientemente. *Asala* recuerda la primera predicación en Benarés y *Khatina* marca el final del retiro de los monjes en la estación de las lluvias. En el mahayana se festeja también a los maestros de las diferentes escuelas.

Hinduismo

Fundador

El hinduismo no tiene fundador; su origen se remonta a los sabios inspirados de las tribus indoarias instaladas en el norte de la India hace más de tres mil años. El nombre "hindú" aparece al entrar en contacto con los musulmanes, en el siglo VIII de la era cristiana. Desde el siglo XII se habla de *Hindu dharma*, pero el término clásico es *sanatana-dharma*, el orden eterno de las cosas.

Texto sagrado

Las Escrituras hindúes son tan vastas como variadas: en primer lugar, están los Cuatro Vedas (el saber) que terminan con los *Upanisad* de inspiración más filosófica; luego siguen las epopeyas del *Mahabharata*, con el *Bhagavad-Gita* (el Canto del Señor Bienaventurado) y el *Ramayana*; más recientemente, los *purana* (antiguos relatos) y los *dharma-shastra* (recopilaciones de leyes).

Corrientes

Conjunto de expresiones religiosas sin doctrina ni prácticas unificadas, el hinduismo se ramifica en tres formas principales de culto dirigido a las grandes divinidades: *Visnu*, protector del mundo y guardián del *dharma*, que se manifiesta en la forma de Krishna y de Rama; *Siva*, destructor y Señor de los yogui; *Sakti*, esposa de Siva, Diosa Madre del tantrismo. Para sus adeptos, cada una de estas divinidades representa la totalidad de lo divino; el estricto monismo del Advaita Vedanta sigue siendo influyente con su insistencia del sí mismo —*atman*— y del absoluto —*brahman*.

Convicciones fundamentales
Las diferentes escuelas concuerdan en un fondo común: el respeto de los *Vedas*, la pluralidad de los acercamientos a lo divino, el ciclo de creación, preservación y disolución del universo, la sucesión de las reencarnaciones —*samsara*— provocada por el fruto de las acciones —*karma*— y la organización de la sociedad en castas.

La liberación —*moksa*— puede ser buscada por diferentes caminos: las acciones desinteresadas, el control psíquico, la sabiduría de los sistemas filosóficos y la devoción —*bhakti*— al gurú o a la divinidad preferida —*Ishta Devata*.

Preceptos de conducta
Entre otros, el "Libro de las Leyes de Manú" establece los fundamentos de la sociedad hindú, estructurada en cuatro *varnas* (sacerdotes o brahmanes, guerreros y hombres políticos, comerciantes, obreros y sirvientes) y en múltiples castas: *jati*. La vida personal también tiene cuatro etapas: el estudio, la vida familiar, el retiro en el bosque y la renuncia total del *sannyasin*.

Actitud frente a otras religiones
Por su naturaleza, el hinduismo reconoce la diversidad de los caminos que conducen al Dios personal y, a través de él, al Absoluto insondable. De esto se desprende una gran tolerancia con respecto a las diferentes expresiones religiosas tanto dentro como fuera del hinduismo. Lo que los hindúes rechazan es la absolutización de un mensaje o de una forma particular de culto, así como cualquier tipo de proselitismo.

Oraciones y prácticas
Altar privado, pequeño templo o gran centro de peregrinaje, la ceremonia de *puja* tiene lugar delante de la imagen o de la estatua de la divinidad elegida; con campanitas, incienso y luz, comprende una ofrenda de flores o de alimento así como el recitado de plegarias y de un *mantra*. Los brahmanes celebran el culto tres veces por día recitando muy a menudo el *mantra Gayatri*: "¡Meditemos sobre el luminoso resplandor del Ser admirable que ha creado el mundo! ¡Que guíe nuestros pensamientos hacia la verdad!". La corriente monista no recurre a imagen alguna, sino que practica la reflexión seguida de meditación.

Alimentación
La mayoría de los hindúes son vegetarianos, especialmente los brahmanes, salvo en el noreste de la India. Como regla general, los hindúes se abstienen sistemáticamente de ingerir carne bovina.

Desde el nacimiento hasta la muerte
Los grandes momentos de la existencia revisten una dimensión religiosa: poner nombre a un hijo, pasar de la leche materna al alimento sólido, anudarse el cordón sagrado a la cintura; tradicionalmente arreglado entre las familias, el matrimonio da lugar a grandes ceremonias. También son importantes la entrada en la vida ascética o monacal, así como la cremación del cuerpo del difunto.

Principales fiestas
Makara Sankranti, solsticio de invierno, fiestas de las cosechas y de la renovación del sol; *Mahasivratri*, Gran Noche de Siva, con la luna nueva después del invierno; *Holi*, festival de primavera; *Rama Navami*, nacimiento de Rama, héroe de la epopeya del Ramayana; *Janmastami*, nacimiento de Krishna, inspirador del Bhagavad-Gita; *Ganesa-Chaturthi*, fiesta, en el sur de la India, de Ganesa, divinidad de los comienzos y del comercio; *Navaratri/Durga Puja-Dussera*, recuerdo del conflicto de Rama con el rey de los demonios y de la victoria de la diosa *Durga*; *Divali*, fiesta de las luces en otoño, a menudo asociada con la prosperidad.

Islam

Fundador

Mahoma, "el alabado", no es el fundador sino el profeta del islam, el enviado de Dios. Vivió en La Meca desde 570 a 622 de la era cristiana, y luego hasta 632 en Medina. Su emigración (hégira) señala el comienzo del calendario musulmán, que es lunar.

Texto sagrado

El Corán, en árabe "predicación", es la palabra de Dios descendido sobre Mahoma por intermedio del arcángel Gabriel. Constituido por 114 suras o capítulos, el Corán es inimitable; inspira toda la vida social y religiosa de los musulmanes.

Corrientes

A partir de la sucesión del Profeta, el islam se dividió en dos corrientes principales: sunnita y chiíta. Los sunnitas (noventa por ciento) se refieren a la sunna, la tradición del Profeta, y al consenso de la comunidad formulado por cuatro escuelas jurídicas reconocidas. Divididos en varias tendencias, los chiítas otorgan gran veneración a Alí y a los descendientes del Profeta por parte de su hija Fátima. El islam también tiene la orientación mística de las cofradías sufíes, preocupadas por la cohesión interior del islam.

Convicciones fundamentales

"Digan: Creemos en Dios y en lo que se nos ha hecho descender y en lo que se hizo descender a Abraham, a Ismael, a Isaac, a Jacob y a las *doce* tribus; en lo que fue dado a Moisés y a Jesús; en lo que fue dado a los Profetas por su Señor; no diferenciamos entre ellos y Le somos sumisos" (sura 2, 136).

Un solo Dios (en árabe *Alá*) revela un mismo mensaje —adaptado a las circunstancias de la historia— a sus profetas y enviados, el último de los cuales es Mahoma. Al pacto primordial que liga al conjunto de la humanidad a Dios corresponde el fin último, el juicio de Dios que hace de la vida una prueba. En el camino que lleva a Dios —la Verdad—, la revelación y la fe son la luz y la orientación.

Preceptos de conducta
La vida musulmana sigue las prescripciones del Corán y el ejemplo del Profeta. "Dios manda la justicia, la beneficencia y la caridad para con los allegados, y prohíbe la torpeza, lo reprobable y la injusticia" (sura 16, 90). Y también: "La fe es adorar a Dios como si lo vieras, pero si no puedes verlo, él con seguridad te ve" (Palabra del Profeta).

El reconocimiento de Dios impone permanentemente la aplicación de la justicia con miras a un resplandor práctico de la fe. La medida, el decoro y la generosidad deben caracterizar las relaciones personales y sociales del musulmán.

Actitud hacia otras religiones
Respeto particular por las "gentes del Libro", judíos y cristianos sobre todo, aunque los musulmanes piensan que ha habido alteraciones en los mensajes anteriores, que el Corán vino a rectificar. "Llama a la senda de tu Señor con la sabiduría y la bella exhortación. Discútelos con aquello que es más hermoso" (sura 16,125).

Oraciones y prácticas
La plegaria —*salat*— marca cinco veces por día la vida del creyente puesto en relación inmediata con su Creador, sin olvidar la dimensión comunitaria de la plegaria en la mezquita.

La limosna legal —*zakat*— de 2,5% de la fortuna tiene valor de purificación y justicia social.

El ayuno del mes de ramadán exige abstenerse de alimento y bebidas, así como de cualquier impulso pasional, desde el alba hasta el crepúsculo. Tiene valor de adoración personal y de solidaridad comunitaria con los más desposeídos.

El peregrinaje a La Meca —*hayy*—, al menos una vez en la vida, hace participar al conjunto de los musulmanes del lugar simbólico de la Unicidad de los creyentes.

Alimentación
Todo es lícito, con excepción del cerdo así como el alcohol y cualquier otra forma de droga. Tradicionalmente, se debe degollar a los animales invocando el nombre de Dios.

Desde el nacimiento hasta la muerte
El nacimiento es una bendición de Dios. Los varones son circuncidados en la infancia; desde la pubertad, varones y mujeres observan las prácticas islámicas. El matrimonio es el estado normal del musulmán; el creyente emprende cada acción invocando el nombre y la misericordia de Dios. En el momento de la muerte, él mismo o un allegado recita la profesión de fe.

Principales fiestas
El viernes es el día de la plegaria acompañada de la prédica en la mezquita.
Aid El-Fitr: la fiesta de ruptura del ayuno al término del ramadán es una invitación a compartir y a la alegría.
Aid el-Adha: la fiesta del sacrificio en el último día del peregrinaje es ocasión para los musulmanes de sacrificar —lo más común— un cordero, en memoria del Sacrificio de Abraham.
Entre las otras fiestas se puede mencionar:
Achura: los chiítas conmemoran el martirio de Husein, nieto del Profeta.
Mulid: la piedad popular celebra el nacimiento del Profeta.
Miraj: recuerdo del viaje nocturno del Profeta y de su ascensión a los cielos.

Judaísmo

Fundador

Los tres patriarcas: Abraham, Isaac y Jacob son los padres del pueblo de Israel. Trece siglos antes de la era cristiana, Moisés recibió la Torá (los cinco primeros libros de la Biblia) en el monte Sinaí, después de la Revelación de las Diez Palabras o Mandamientos a todo el pueblo de Israel.

Texto sagrado

La Torá tiene carácter santo. La "tradición escrita" está constituida por la Torá y otros libros bíblicos (los Profetas y los Escritos). Fijada en la Misná y comentada en el Talmud, la "tradición oral" se desarrolla en códigos *(Chulhan Aruj)*, comentarios (Rasi), obras teológicas y corrientes místicas (cábala) y pietistas (jasidismo).

Corrientes

Consecuencia de la dispersión, los judíos se hallan repartidos entre askenazíes, en Europa oriental y occidental, y sefardíes, en la cuenca mediterránea. El mundo religioso judío contemporáneo responde a una diversidad de sensibilidades a través principalmente de dos corrientes. La primera (ortodoxa y tradicionalista) está unida al respeto del conjunto de las prescripciones de la tradición escrita y oral. Para la segunda (liberal o reformada, y conservadora), los textos de la tradición siguen siendo una referencia esencial e insoslayable, pero susceptible de interpretaciones.

Convicciones fundamentales

Dios es uno y único, ha creado el universo y todo lo que contiene. Ha creado al ser humano a su "semejanza", dotándolo de libre arbitrio y asignándole el papel de perfeccionar la creación. Por la entrega de la Torá, Dios establece la Alianza con su pueblo. La historia tiene un sentido y, por su acción, el hombre puede llevarla a su fin: la era mesiánica libre de violencia y enfrentamientos, donde reinará la justicia para todos (véanse los trece artículos de fe de Maimónides).

Preceptos de conducta
La vida judía está marcada por la unión con un Pueblo, una Tierra, una Ley, la Torá y sus 613 preceptos —*mitzvot*— según la prescripción: "Observa y escucha" (Deuteronomio, 12, 28). Así como "Amarás al Señor, tu Dios, con todo tu corazón, y con toda tu alma, y con todas tus fuerzas" (Deuteronomio, 6, 5), "Amarás a tu prójimo como a ti mismo" (Levítico, 19, 18), sin olvidar al extranjero (Levítico, 19, 34).

Actitud hacia otras religiones
Para el judaísmo, opuesto a cualquier forma de proselitismo activo, sólo los siete preceptos de Noé se aplican a los otros pueblos. Fuera de cualquier compromiso doctrinal, en la actualidad cierto número de judíos están abiertos a una colaboración interreligiosa en el ámbito moral y social.

Oraciones y prácticas
El día está marcado por tres oficios, noche, mañana y tarde, cuyos textos se toman de la Torá, los Salmos, el Talmud y textos más recientes. La plegaria pública tiene lugar en la sinagoga con un mínimo de diez hombres; varios momentos litúrgicos se desarrollan en el hogar.
En principio, los hombres llevan un solideo —*kippah*— y, durante el oficio de la mañana, un chal de plegaria —*talit*— y las filacterias —*tefillin*. En las sinagogas liberales, las mujeres participan en los oficios en pie de igualdad.

Alimentación
Según el Racher, las carnes permitidas son las partes delanteras de los rumiantes con la pezuña hendida y las aves de corral. Los pescados deben tener aletas y escamas. Para evitar mezclar los productos lácteos y la carne, los judíos recurren a una doble vajilla. Tradicionalmente, los animales deben ser abatidos ritualmente y vaciados de toda la sangre.

Anexos

Desde el nacimiento hasta la muerte

Los varones son circuncidados en el octavo día. La mayoría religiosa se alcanza a los trece años para los varones y generalmente a los doce para las mujeres. El adolescente lee la Torá, reafirmando así que se adhiere a la Revelación.

El matrimonio religioso no constituye un sacramento, sino la afirmación delante de testigos de la voluntad de la pareja de construir juntos un hogar.

Los cadáveres se entierran desnudos y a esto sigue un período de duelo.

Principales fiestas

El *Shabbat*, séptimo día de la semana, es la jornada de reposo, estudio y meditación. El cese de cualquier actividad recuerda la creación del mundo y la liberación de Egipto.

Fiestas de peregrinación

Pesahim (Pascua): recuerdo de la salida de Egipto y de la liberación de la esclavitud.

Sabu'ot (Pentecostés): conmemoración de la entrega de la Torá en el Sinaí.

Sukka (Tabernáculos): recuerdo de los cuarenta años del pueblo de Israel en el desierto.

Fiestas austeras

Rosh ha-shana (Año nuevo): aniversario de la creación y día del juicio; el hombre hace el balance de sus acciones durante el año pasado. Trata de reparar sus faltas y de obtener el perdón de aquellos a los que ha ofendido.

Yom ha-Kippurim (día del Gran Perdón): ayuno de veinticuatro horas en el que el fiel, reconciliado con los otros, pide el perdón de Dios y su inscripción en el Libro de la Vida.

Cristianismo

Fundador
De origen judío, Jesús de Nazaret predicó el Reino de Dios y curó a los enfermos al comienzo de la era cristiana. Los cristianos reconocen en él a Cristo o el Mesías, muerto en la cruz y resucitado para vivir para siempre en Dios.

Texto sagrado
La Biblia cristiana comprende la Biblia judía (Antiguo Testamento) así como los Evangelios y los escritos de los Apóstoles (Nuevo Testamento).

Corrientes
Por razones históricas y teológicas, la comunidad cristiana se encuentra en la actualidad distribuida en tres familias principales: numéricamente la más importante, la Iglesia Católica Romana está bajo la autoridad del Papa y de los obispos; la comunión de las Iglesias ortodoxas pone el acento en la tradición mientras que las diferentes Iglesias surgidas de la Reforma del siglo XVI insisten sobre la importancia de la Biblia. Desde hace casi un siglo, se asiste a un movimiento de acercamiento ecuménico.

Convicciones fundamentales
El Dios único, creador de todas las cosas, es un Dios de amor que habló por los profetas de Israel y se reveló en la persona de Jesucristo, Verbo encarnado de Dios, venido al mundo para liberar a la humanidad del mal y de la servidumbre. Es el Dios trinitario, presente por su Espíritu, que inspira a los creyentes. La salvación, aquí abajo y des-

pués de la muerte, es un don gratuito al que los fieles responden con la fe, la plegaria y un compromiso durante toda su existencia.

Preceptos de conducta
La vida cristiana está orientada por el doble mandamiento del amor a Dios y al prójimo; se apoya en los diez mandamientos de Dios en el Sinaí (Éxodo, 20) y desemboca en el ideal del Sermón de la Montaña (Mateo 5,7): perdón de las ofensas, preocupación por la verdad, práctica de la justicia, servicio al prójimo (entendido como cualquier ser humano).

Actitud hacia otras religiones
Después de haber rechazado durante mucho tiempo a los adeptos a otras religiones, según el adagio "Fuera de la Iglesia no hay salvación", una nueva apertura llevó a los cristianos a reconocer la libertad religiosa y a respetar las riquezas espirituales de las otras tradiciones, al margen de cualquier amalgama religiosa.

Oraciones y prácticas
La oración cristiana por excelencia es el "Padre Nuestro". Los fieles se reúnen el domingo para rezar y alabar a Dios, oír su palabra leída y predicada y también compartir el pan y el vino de la eucaristía. Existen oficios durante la semana.

La piedad de los fieles se expresa variadamente en la plegaria personal, espontánea o repetida, la lectura bíblica, la confesión privada, los iconos, los diferentes peregrinajes y la veneración de María.

Cada Iglesia tiene su clero más o menos jerarquizado. Muchas tienen religiosos y religiosas que a menudo hacen voto de obediencia, de pobreza y castidad; en la actualidad todas están de acuerdo en subrayar la importancia de los laicos.

Alimentación
Después de un debate reproducido en el Nuevo Testamento, los cristianos no tienen prohibiciones alimentarias sino recomendaciones de templanza y abstinencia, más respetadas en Oriente y en los conventos de Occidente.

Desde el nacimiento hasta la muerte
La vida cristiana empieza con el bautismo, habitualmente de niños; continúa con el catecismo y la confirmación. Está jalonada por

cierto número de signos llamados también "sacramentos" como el matrimonio por la iglesia, el perdón de los pecados, la unción de los enfermos, así como el ordenamiento o consagración de los sacerdotes, pastores y religiosos. El servicio fúnebre es el regreso confiado del difunto a Dios.

Principales fiestas

El calendario cristiano festeja cada día uno o varios santos; el domingo recuerda la resurrección de Jesús. El año litúrgico comienza con el Adviento, que anuncia el nacimiento de Jesús en *Navidad*. Preparada por los cuarenta días de Cuaresma, la Semana Santa recuerda la entrada de Jesús en Jerusalén el domingo de *Ramos*, la última cena de Jesús el *Jueves Santo*, su crucifixión el *Viernes Santo* y su resurrección en *Pascua*. Está también la *Ascensión* de Jesús, seguida de *Pentecostés* que recuerda el don del Espíritu Santo a los apóstoles. Católicos y ortodoxos tienen en común la *Asunción* o *Dormición* de la Virgen María; los católicos además celebran el *Corpus Christi* consagrado al santo sacramento así como la fiesta de *Todos los Santos* y el *Día de los Muertos*.

CUADRO SINÓPTICO

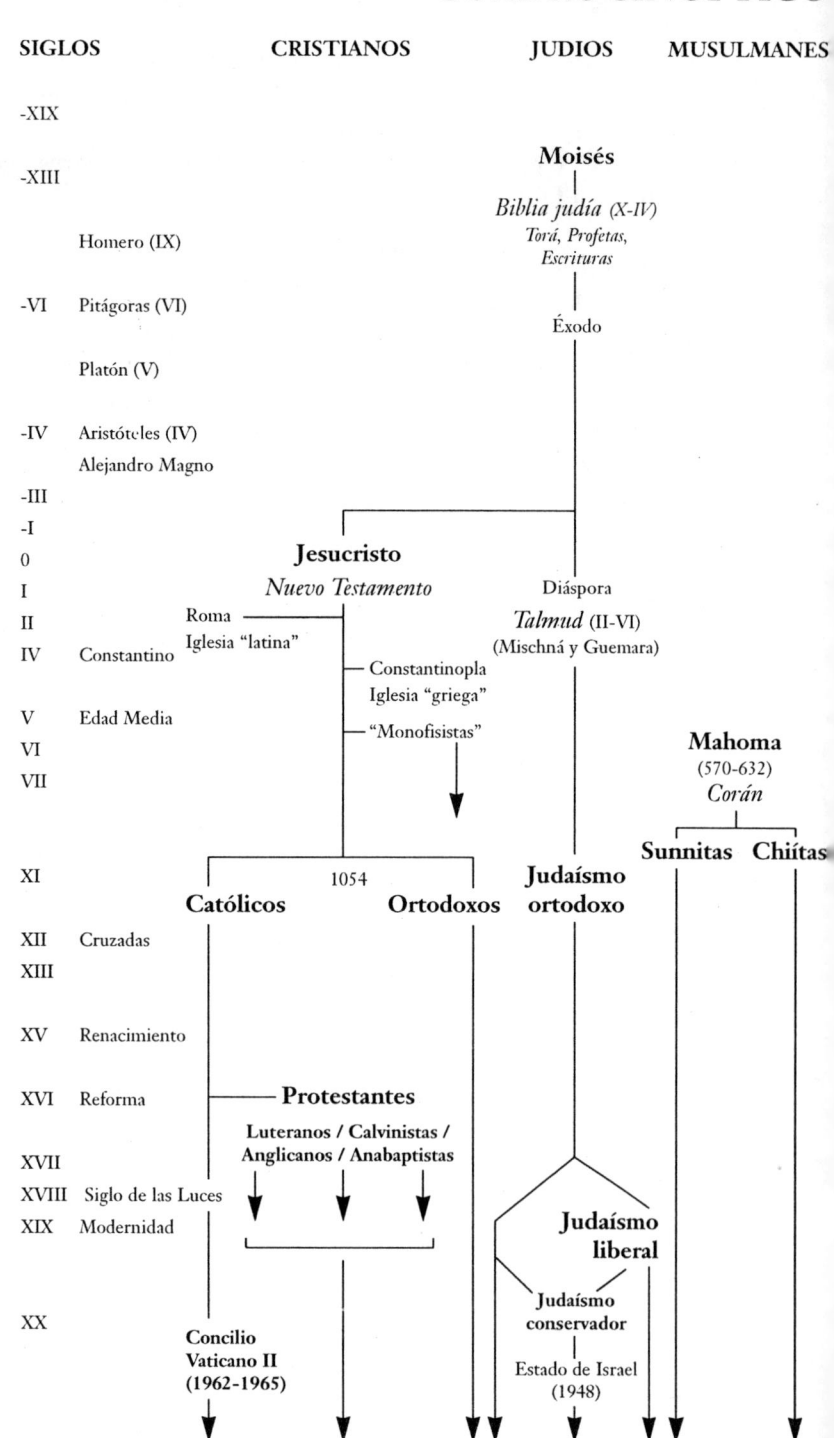

SIGLOS	CRISTIANOS	JUDIOS	MUSULMANES

-XIX

-XIII **Moisés**

Biblia judía (X-IV)
Torá, Profetas,
Escrituras

Homero (IX)

-VI   Pitágoras (VI)

Éxodo

Platón (V)

-IV   Aristóteles (IV)
Alejandro Magno

-III
-I
0   **Jesucristo**
I   *Nuevo Testamento*   Diáspora
II   Roma   *Talmud* (II-VI)
IV   Constantino Iglesia "latina" (Mischná y Guemara)
                   Constantinopla
V   Edad Media   Iglesia "griega"
VI   "Monofisistas"   **Mahoma**
VII   (570-632)
                                                      Corán

                                                   Sunnitas   Chiítas

XI   1054   **Judaísmo**
         Católicos   **Ortodoxos**   **ortodoxo**
XII   Cruzadas
XIII

XV   Renacimiento

XVI   Reforma   **Protestantes**
                 Luteranos / Calvinistas /
XVII   Anglicanos / Anabaptistas
XVIII Siglo de las Luces
XIX   Modernidad   **Judaísmo**
                                             liberal
                                          Judaísmo
XX   conservador
      Concilio
      Vaticano II   Estado de Israel
      (1962-1965)   (1948)

DE LAS RELIGIONES

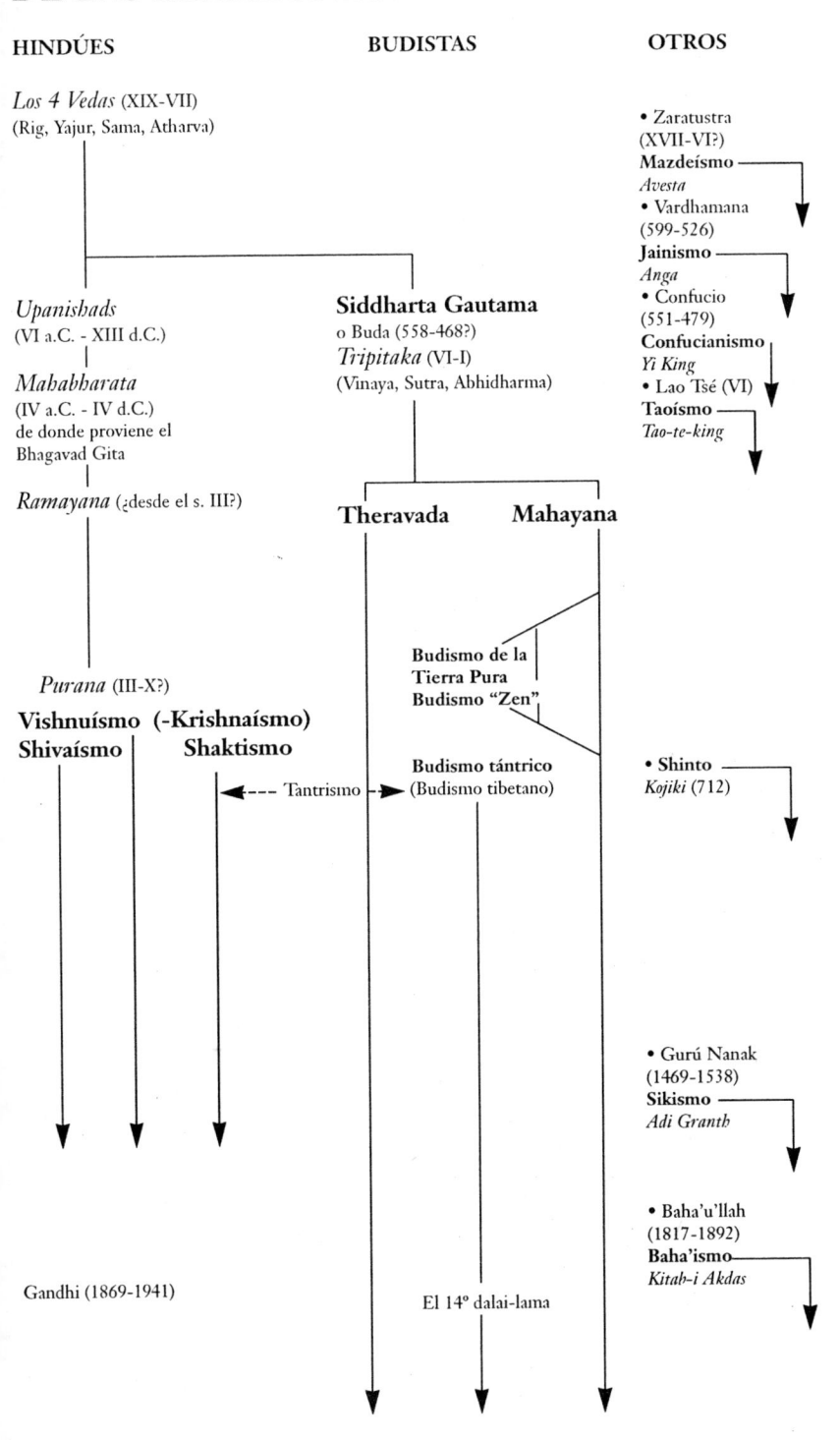

HINDÚES

Los 4 Vedas (XIX-VII)
(Rig, Yajur, Sama, Atharva)

Upanishads
(VI a.C. - XIII d.C.)

Mahabharata
(IV a.C. - IV d.C.)
de donde proviene el
Bhagavad Gita

Ramayana (¿desde el s. III?)

Purana (III-X?)

Vishnuísmo (-Krishnaísmo)
Shivaísmo   Shaktismo

◄--- Tantrismo ►

Gandhi (1869-1941)

BUDISTAS

Siddharta Gautama
o Buda (558-468?)
Tripitaka (VI-I)
(Vinaya, Sutra, Abhidharma)

Theravada   Mahayana

Budismo de la
Tierra Pura
Budismo "Zen"

Budismo tántrico
(Budismo tibetano)

El 14° dalai-lama

OTROS

• Zaratustra
(XVII-VI?)
Mazdeísmo
Avesta

• Vardhamana
(599-526)
Jainismo
Anga

• Confucio
(551-479)
Confucianismo
Yi King

• Lao Tsé (VI)
Taoísmo
Tao-te-king

• Shinto
Kojiki (712)

• Gurú Nanak
(1469-1538)
Sikismo
Adi Granth

• Baha'u'llah
(1817-1892)
Baha'ismo
Kitab-i Akdas

INICIACIÓN Y PENSAMIENTO SIMBÓLICO EN EL EGIPTO FARAÓNICO

Fernando Schwartz

Desde el ámbito de la antropología simbólica, el autor examina la corriente que, con el nombre de "hermetismo", ha fructificado en diversas iniciativas culturales y civilizatorias, desde el brillante helenismo alejandrino hasta el espíritu renacentista de Pico de la Mirándola o en algunas obras influyentes de la Revolución Francesa. Se trata de descubrir de qué nuevas maneras las claves de interpretación de aquellos misterios siguen influyendo en el mundo de hoy.

EDIPO FILÓSOFO

Joan-Joseph Goux

El autor propone una revisión completa de la lectura freudiana del mito de Edipo, demostrando que no se trata de una expresión directa de los fantasmas del parricidio y el incesto sino una desviación aberrante del protomito heroico. Desde esta perspectiva, el encuentro con la Esfinge aparece como un motivo de iniciación masculina, que en este caso el héroe no puede superar. Finalmente, Goux articula la figura de Edipo con la del "filósofo", sosteniendo que la cultura occidental ha sido "edípica" en su racionalidad.